EXAMPRESS®
公務員試験学習書

公務員のライト
三木拓也
横溝涼

1か月完成

動画とアプリで学ぶ

市役所新方式試験

SPI・SCOA・Light・社会人基礎

SE
SHOEISHA

本書内容に関するお問い合わせについて

このたびは翔泳社の書籍をお買い上げいただき、誠にありがとうございます。弊社では、読者の皆様からのお問い合わせに適切に対応させていただくため、以下のガイドラインへのご協力をお願い致しております。下記項目をお読みいただき、手順に従ってお問い合わせください。

●ご質問される前に

弊社Webサイトの「正誤表」をご参照ください。これまでに判明した正誤や追加情報を掲載しています。

正誤表　https://www.shoeisha.co.jp/book/errata/

●ご質問方法

弊社Webサイトの「書籍に関するお問い合わせ」をご利用ください。

書籍に関するお問い合わせ　https://www.shoeisha.co.jp/book/qa/

インターネットをご利用でない場合は、FAXまたは郵便にて、下記"翔泳社 愛読者サービスセンター"までお問い合わせください。
電話でのご質問は、お受けしておりません。

●回答について

回答は、ご質問いただいた手段によってご返事申し上げます。ご質問の内容によっては、回答に数日ないしはそれ以上の期間を要する場合があります。

●ご質問に際してのご注意

本書の対象を越えるもの、記述個所を特定されないもの、また読者固有の環境に起因するご質問等にはお答えできませんので、予めご了承ください。

●郵便物送付先およびFAX番号

送付先住所　〒160-0006　東京都新宿区舟町5
FAX番号　03-5362-3818
宛先　（株）翔泳社 愛読者サービスセンター

はじめに

このたびは、『公務員教科書 1か月完成 動画とアプリで学ぶ 市役所新方式試験 SPI・SCOA・Light・社会人基礎』をご購入いただき、ありがとうございます。本書は、多様化する公務員試験に対応すべく作成いたしました。複数の試験において、出題されているものを重点的に掲載しており、そうでない単元は最低限押さえておくべきポイントに絞って掲載しております。本書に沿って学習を進めることにより、多様化する公務員試験において、無駄なく、バランスの取れた、効率の良い学習を進めていただくことができます。
また、本書では、紙面の他に、各単元の学習方法などを解説した動画も提供しています。私たちは現在、「公務員のライト」という公務員試験専門オンライン予備校として活動しております。こちらでは動画にて公務員受験の指導を行っております。そのため、活字だけではなかなか伝わりづらい部分について動画を使った解説をすることで、読者の方が安心して学習に臨めるようにしております。
さらに、復習については、Webアプリを使った問題演習がご利用いただけます。過去の情報から予想問題300問を作問し、項目ごとに習熟度のチェックができます。通学中や通勤中などのすき間時間でも、問題を解くことにより、しっかり復習することができます。
「本・動画・Webアプリ」というこの3つのコンテンツを活用し、合格に必要な実力をつけていただくことにより、目標とする公務員に任用されることを、心よりお祈りいたします。

公務員のライト　三木拓也　横溝涼

Contents

試験情報 VII
学習方法とスケジュール XVII
本書の使い方 XX
読者特典 XXIII

第1章 非言語・論理的思考力・数的処理

数的処理

01 基礎的な計算 2
02 速さの問題 22
03 割合(1) 42
04 割合(2) 50
05 特殊算・整数 60
06 場合の数 84

判断推理

01 論理・命題 104
02 集合の要素・ベン図 112
03 位置関係 122
04 順序関係 130
05 勝敗関係 140
06 嘘つき 148
07 物流 156
08 ブラックボックス 162
09 展開図の問題 168

図形

01 角度 …… 172
02 回転移動と軌跡 …… 180
03 サイコロの問題 …… 186

資料解釈

01 資料解釈 …… 190

第2章 文章理解

長文読解

01 長文読解 …… 198

第3章 一般常識

社会科学

01 社会科学 …… 208

人文科学

01 人文科学 230

自然科学

01 自然科学 242

第4章 言語分野

言語分野

01 二語関係 254
02 熟語の意味 262
03 熟語の成り立ち 268
04 語句の用法 274
05 四字熟語・ことわざ・慣用句・故事成語 280

試験情報

公務員試験とは

公務員を採用するための試験です。一種類の決まった「公務員試験」という試験があるわけではなく、試験種や自治体によってそれぞれ異なった試験が実施されます。そのため、基本的には受験しようとする試験について個別に調べ、受験資格、試験内容について確認が必要です。

採用までの流れ

公務員試験は、一般的*には次のような流れで実施されます。

出願→1次試験→1次試験合格発表→第2次試験→最終合格発表→採用面接→採用・内定

概ね、1次試験に筆記試験、2次試験に人物試験となっています。
市役所の試験では、人物試験を重視されることが多くなり、2次・3次と面接などの人物評価試験が続くこともあります。

＊選考過程は自治体や試験種などによって異なります。

受験資格

特殊な制限はありませんが、自治体や試験種などによっては、一定の受験資格が定められています。一般的な事務職の場合、課される要件は年齢要件のみが大半を占めています。
ただし、事務職でも社会人経験者採用では、勤続年数などが細かく定められていることが多いため、注意が必要になります。
このように、受験資格は、試験によって異なるため、受験しようとする自治体の最新の受験資格をご確認ください

受験料

基本的に、多くの自治体では受験料はかかりません。

試験の種類

市役所の試験において使われる試験問題は、新教養試験・社会人基礎試験・SPI・SCOAといったものがあります。新教養試験は平成30年より始まった新しい公務員試験で、Standard・Logical・Lightの3種類に分かれています。本書においては、このうち、下記の表で「簡易型」と「民間型」に分類した新教養Light、社会人基礎試験、SPI、SCOAについて解説しております。

従来型※	Standard	従来の公務員試験に最も近いタイプ 時事の割合が多く、国語の出題がないことが特徴です。
	Logical	数的処理や文章理解の比重が多く、自然科学の出題がないことが特徴です。
簡易型	Light	公務員試験の対策をしていない人を受験しやすくするために作成され、民間型試験に近い内容です。
	社会人基礎試験	社会人転職者向けの試験で、筆記試験と適性検査の両方を行うことが特徴です。
民間型	SPI	言語と非言語分野の2分野で行われ、民間企業で多く採用されている試験です。
	SCOA	SPIと比べ、英語・理科・社会も含まれる点が特徴です。

※従来型については、従来の公務員試験の教養試験に近しいものであるため、同シリーズの『公務員教科書 2か月完成 動画とアプリで学ぶ 教養試験 全公務員試験対応』を参考にしてください。

各試験の特徴

〈簡易型〉

・Light

公務員試験への準備をしていない民間希望者でも受験しやすくするための試験となっており、四肢択一や問題の難易度といった点は民間型の試験に近いものとなっております。

【基本データ】

問題数	60問
試験時間	75分
解答形式	四肢択一

【出題内容】

「社会への関心と理解」（24問）

時事問題を中心とした問題が出題されます。時事問題は、国内の政治経済・海外の政治経済だけでなく、社会問題、ノーベル賞や世界遺産といった文化的内容と多岐に渡ります。

また、地方公共団体の制度のような政治の単元、地方の産業といった地理にあたる問題といった**一般常識の内容も出題**されます。

→出題科目：時事・一般常識（政治・経済・地理など）

「言語的な能力」（18問）

日本語の文章読解や語彙を問う国語の問題と簡単な英文読解や用法を問う英語の問題が出題されます。読解問題は、日本語も英語いずれも短めの文章で出題がされます。速く正確に文章を読むことと標準的な語彙力が求められます。民間型でも似た内容の問題が出題されます。
→出題科目：文章理解（現代文・英文）・国語・英語

「論理的な思考力」（18題）
公務員試験の**教養試験では数的処理**、**SPIでは非言語**にあたる問題です。
与えられた条件や資料から正答を導く論理的思考力が求められています。
他の試験の汎用性からも優先的に対策を行いたい項目になります。
→出題科目：数的処理・判断推理（図形を除く）・資料解釈
参考：公益財団法人日本人事試験研究センター
新教養試験「Light」の目的、特徴
http://www.njskc.or.jp/light/2/#gsc.tab=0

・社会人基礎試験

社会人経験採用といった社会人を対象とした採用試験のために使われています。学力をみる「職務基礎力試験（EA）」と適応性をみる「職務適応性検査（EB）」を合わせた試験となっています。

【基本データ】

	職務基礎力試験（EA）	職務適応性検査（EB）
問題数（質問数）	75問	150項目
試験時間	90分	20分
解答形式	四肢択一	4件法

【出題内容】

職務基礎力試験（EA）

・「社会的関心と理解について問う問題」（25問）

時事問題を中心とした問題が出題されます。時事問題は、国内の政治経済・海外の政治経済だけでなく、社会問題、ノーベル賞や世界遺産といった文化的内容と多岐に渡ります。

また、地方公共団体の制度のような政治の単元も出題されます。日ごろからニュースや新聞などの媒体から情報を仕入れることが重要になります。

・「言語的な能力」（25問）

日本語の文章読解や語彙を問う国語の問題と簡単な英文読解や用法を問う英語の問題が出題されます。読解問題は、日本語も英語いずれも短めの文章で出題をされます。速く正確に文章を読むことと標準的な語彙力が求められます。Light試験と似ています。

一般的な公務員の試験では出題されない**敬語など社会人として知っておくべき言葉の問題**が出題されることもあります。

・「論理的な思考力」(25題)

Light試験で紹介したものとほぼ同様になります。公務員試験の**教養試験では数的処理**、**SPIでは非言語**にあたる問題です。与えられた条件や資料から正答を導く論理的思考力が求められています。他の試験の汎用性からも優先的に対策を行いたい項目になります。

職務適応性検査(EB)

簡単な質問に答えて性格傾向を測る試験になります。回答は「当てはまる」「やや当てはまる」「あまり当てはまらない」「当てはまらない」から選ぶ4件法となります。

〈民間型〉

・SPI

民間企業の採用試験の中でも多く使われている筆記試験となっています。

「SPI—〇」の〇の部分に入る言葉で受験対象がわかります。

H：高卒用、U：大卒用、B：転職者用、N：高校・短大用、R：大卒・短大用

試験の方法で、問題数や試験時間が異なることも特徴となります。

【基本データ】

	ペーパーテスト	テストセンター	WEBテスト
問題数	70問	時間内に解けるだけ	
試験時間	能力検査70分 性格検査40分	能力検査35分 性格検査30分	
解答形式	多肢選択式	多肢選択式	

【出題内容】

能力検査

言語分野と非言語分野の2つで構成されます。WEBテストやテストセンターでは**一度先に進むと前の問題には戻ることができない点や制限時間がある**ので注意が必要です。

原則的に科目は、**国語と数的処理の2つのみ**です。

言語分野

ペーパー・テストセンター・WEBで出題範囲が異なっております。

<table>
<tr><td>ペーパー
テストセンター</td><td>二語関係</td><td>語句の意味</td><td>穴埋め</td><td>文章整序</td><td>長文読解</td></tr>
<tr><td>WEBテスト</td><td>熟語の成り立ち</td><td>穴埋め</td><td>文章整序</td><td>長文読解</td><td></td></tr>
</table>

非言語分野

言語分野と同様で、試験方法で出題範囲が異なっております。

<table>
<tr><td rowspan="2">ペーパー</td><td>数的処理</td><td>判断推理</td><td>資料解釈</td><td>一次方程式</td><td>二次方程式</td></tr>
<tr><td>不等式</td><td></td><td></td><td></td><td></td></tr>
<tr><td rowspan="2">テストセンター</td><td>数的処理</td><td>判断推理</td><td>資料解釈</td><td></td><td></td></tr>
<tr><td colspan="5">ペーパテストとほぼ同じ範囲だが、図が解答にする上で重要な問題は出題されない</td></tr>
<tr><td rowspan="3">WEBテスト</td><td>数的処理</td><td>判断推理</td><td>資料解釈</td><td>整数問題</td><td>平均算</td></tr>
<tr><td>年齢算</td><td>比</td><td></td><td></td><td></td></tr>
<tr><td colspan="5">平均・年齢・比はWEBテストのみ出題されている</td></tr>
</table>

性格検査

性格適性と態度的適性を「情緒的側面」「行動的側面」「意欲的側面」「職務適応性」「社会関係的側面」「組織適応性」の6つの側面から測定していくものです。

・SCOA

SPI同様に民間企業で使われている試験になります。大きなポイントはSPIと異なり、**科目の数が多く一般常識**（社会・理科・時事問題）**と英語も入ってくる**点です。

【基本データ】

問題数	120問
試験時間	60分
解答形式	五肢択一

【出題内容】

能力検査

能力検査は「言語」「数理」「論理」「一般常識」「英語」の5つから構成され、1つの分野から20 ～ 30問出題されます。

言語	熟語	ことわざ	慣用句	故事成語	長文読解
数理	四則計算	方程式	資料解釈	数的処理	
論理	判断推理	図形			
一般常識	日本史	世界史	地理	生物	地学
	物理	化学	政治経済	時事	
英語	文法問題	類義語	慣用句	発音 アクセント	和文英訳

一般常識は特定の範囲が頻出というものではないので、あらゆる科目をやる必要があります。ただ、難易度は非常に低いので、**中学レベルの内容を「広く浅く」おさえるようにしましょう。**

パーソナリティ検査

パーソナリティ検査は性格検査のことで、35分で200問以上の質問に答えていくことになります。

時間からもわかるように、深読みせず、素直にドンドン回答していくことが求められてきます。

問い合わせ

地方公務員に関するお問い合わせは、各自治体にご連絡ください。

学習方法とスケジュール

公務員試験における近年の傾向

公務員試験は「新傾向」への変革を遂げています。近年の公務員試験受験者の減少からその傾向はさらに加速しています。
従来の試験では、公務員試験専用の対策が必要とされ、民間企業を希望している人や民間企業からの転職を考えている人にはハードルが高くなっていました。そのため、今回の新傾向はこのような人たちも受験をしやすくして様々な人材を獲得しようという狙いがあります。

	利用自治体
Light試験	南房総市（千葉県）・南足柄市（神奈川県）・松本市（長野県）など
社会人基礎試験	海老名市（神奈川県）・習志野市（千葉県）・加須市（埼玉県）など
SPI	町田市（東京都）・西東京市（東京都）・横浜市（神奈川県）など
SCOA	多摩市（東京都）・青梅市（東京都）・柏市（千葉県）など

※利用自治体は一部であるため、ご自身の受験先の要綱をご確認ください。また、本表は執筆時点の情報です。

このように様々な自治体で新傾向が導入されています。近年の公務員試験における筆記試験の位置づけは、最低限の知識や、論理的思考力の有無を判断するものになっています。したがって、筆記試験を突破するためには、「難問奇問に正解できる力」ではなく、「比較的易しい問題を取りこぼさず得点できる力」が求められています。試験によっては、幅広い知識を求められますが、難易度はいずれも中学高校の内容となっています。広く浅くまんべんなく学習することが重要となっていきます。

1か月のスケジュール

	非言語	その他
1週目	数的処理	長文読解
2週目	判断推理	言語分野
3週目	数的処理・判断推理	社会科学
4週目	図形・資料解釈	人文科学・自然科学

(1) 1週目

まず、数的処理から進めて下さい。計算や数字が苦手な方はここから進めることによって、数的処理科目への苦手意識を克服できます。また、数的処理という科目は、「得点できる受験生」と「できない受験生」が大きく分かれる科目ですので、公務員合格にとって最もカギとなる科目ともいえます。

非言語以外ですと、全ての試験種で必要になる文章理解を進めてください。文章に早いうちに触れていき、継続的に問題に触れていくことがポイントになります。

(2) 2週目

続いて、判断推理に取り掛かりましょう。この科目は、どのような問題でも得点できるような「型」を、出題パターンから学んでいきます。判断推理で求められるものは「思考力」です。ここで思考過程を学び、本番で悩まない力をつけてください。

非言語以外ですと、言語分野の問題に触れていってください。ここでは問題の種類とその解き方を知り、その後、数多くの問題に触れて語彙を増やしていってください。

（3）3週目

再び数的処理・判断推理に取り掛かりましょう。こちらの2つは何度も繰り返し学習する必要があります。これにより、理解が深まり、瞬時に解ける力を身に付けることができます。

非言語以外ですと、社会科学に触れていってください。政治・経済は時事の基礎知識にも繋がっています。まずは、中学社会の公民のレベルをしっかり身に付けていってください。

（4）4週目

最後は資料解釈に取り掛かりましょう。ここでは、資料を読み取るコツを学んでいきます。そこから早く正確に資料を読み取ることができるようになっていきます。文章理解でも早く正確に読む力をここでも活かしてください。

そして、図形と人文科学・自然科学に取り掛かりましょう。これらが出題されない試験を受ける人は3週目までの復習をしていってください。

図形科目については、思考よりも解法の「知識」が重要となります。一見悩ましい問題も、解法ポイントを身に付けることにより、短時間で解くことができるようになります。

人文科学・自然科学は、中学社会と理科の内容からおさえていってください。ここは広く浅く知識を取得していくことが重要になりますので、問題を解きながら周辺知識をつけていくことをおススメします。

本書の使い方

本書では、試験における各科目の重要ポイントが効率よくつかめるような紙面構成としました。

これで解ける！：各節の分野の問題を解くときに、鍵となる考え方

頻出度：各試験（SPI・SCOA・light・社会人基礎の4種類）における各節の出題頻度（◎、○、△、×の4種類）

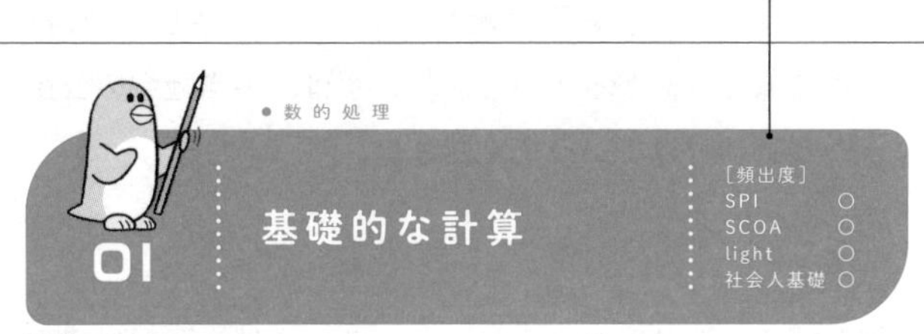

1 計算の順序の決まり

これで解ける！

1. 左側から解き進める
2. ×・÷が先　＋・－は後
3. （　）のある計算は（　）の中から
4. 指数があるときは指数計算から

例題

次の計算をしなさい。

$-2^3 \times \{(3^2+4)-(-12)\}$

解説

$-2^3 \times \{(3^2+4)-(-12)\}$　①指数の計算をする　$-2^3=-(2\times2\times2)=-8$　$3^2=3\times3=9$

$=-8\times\{(9+4)-(-12)\}$　②小カッコ（　）の中を計算する　$(9+4)=13$

$=-8\times\{13-(-12)\}$　③中カッコ｛　｝の中を計算する　$13-(-12)=25$

$=-8\times(25)$

$=-200$

答え：－200

2

膨大な試験範囲から、頻出の分野とポイントを厳選し、解説していま す。どんな点を覚えたらよいかを、「これで解ける！」で把握しながら学習を進めてください。

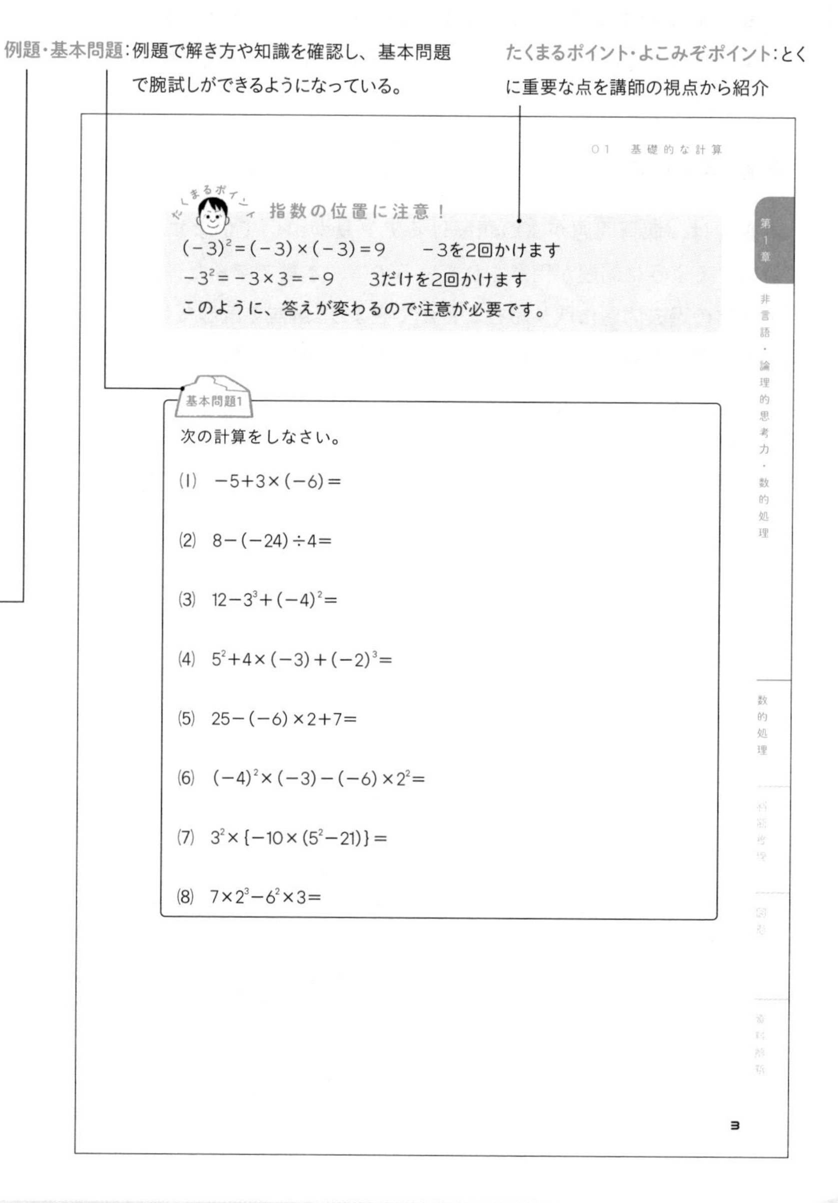
例題・基本問題：例題で解き方や知識を確認し、基本問題で腕試しができるようになっている。

たくまるポイント・よこみぞポイント：とくに重要な点を講師の視点から紹介

01　基礎的な計算

第1章　非言語・論理的思考力・数的処理

数的処理

たくまるポイント　指数の位置に注意！

$(-3)^2=(-3)\times(-3)=9$　　-3を2回かけます

$-3^2=-3\times3=-9$　　3だけを2回かけます

このように、答えが変わるので注意が必要です。

基本問題1

次の計算をしなさい。

(1)　$-5+3\times(-6)=$

(2)　$8-(-24)\div4=$

(3)　$12-3^3+(-4)^2=$

(4)　$5^2+4\times(-3)+(-2)^3=$

(5)　$25-(-6)\times2+7=$

(6)　$(-4)^2\times(-3)-(-6)\times2^2=$

(7)　$3^2\times\{-10\times(5^2-21)\}=$

(8)　$7\times2^3-6^2\times3=$

3

解説動画

本書には、解説動画がついています。各分野の学習のコツがわかるので、学習の効率を高めることができます。導入用としてご活用ください。

過去問題アプリ

本書には、練習問題が300題解けるアプリがついています。各節に対応するように問題が用意されているので、本書で学んだ後に、同じテーマの過去問題に取り組むことができます。解説を読むだけでなく、実際の問題を解くことで理解が一層深まり、解法が身につきます。演習用としてご活用ください（「第2章 文章理解」には、権利の関係から、問題の用意がございません。ご容赦ください）。

※解説動画や過去問題アプリの入手方法は次ページの読者特典の案内ページを参照してください。

読者特典

本書の読者特典として、各節に対応した解説動画と練習問題のWebアプリが利用できます。それぞれのURLにアクセスして、視聴、ダウンロード等をしてください。

解説動画

各節の概要がつかみやすくなる解説動画を視聴できます。
視聴するには、下記のURLにアクセスしてください。

解説動画
https://www.youtube.com/playlist?list=PLugtvXQKZWQsMYXQFRYaX9fBEggNdI80B

練習問題アプリ

全300問の練習問題が解けるアプリが利用できます。なお、本アプリは2023年6月中旬に提供予定です。
利用するには、下記のURLにアクセスしてください。

Webアプリ（PC、タブレット、スマートフォン等に広く対応）
https://www.shoeisha.co.jp/book/exam/9784798177151
アクセスキー：286ページに記載

《注意》

※Webアプリのご利用には、SHOEISHA iD（翔泳社が運営する無料の会員制度）への会員登録が必要です。詳しくは、Webサイトをご覧ください。

※読者特典のデータに関する権利は著者および株式会社翔泳社が所有しています。許可なく配布したり、Webサイトに転載することはできません。

※読者特典の提供は予告なく終了することがあります。あらかじめご了承ください。

第 1 章

非言語・論理的思考力・数的処理

科目

数的処理（全6節）

判断推理（全9節）

図形（全3節）

資料解釈（全1節）

01 基礎的な計算

［頻出度］
SPI ○
SCOA ○
light ○
社会人基礎 ○

1 計算の順序の決まり

これで解ける！

1. 左側から解き進める
2. ×・÷が先　＋・－は後
3. （　）のある計算は（　）の中から
4. 指数があるときは指数計算から

例題

次の計算をしなさい。

$-2^3 \times \{(3^2+4)-(-12)\}$

解説

$-2^3 \times \{(3^2+4)-(-12)\}$　①指数の計算をします　$-2^3=-(2\times2\times2)=-8$　$3^2=3\times3=9$

$=-8\times\{(9+4)-(-12)\}$　②小カッコ　（　）の中を計算します　$(9+4)=13$

$=-8\times\{13-(-12)\}$　③中カッコ　｛　｝の中を計算します　$13-(-12)=25$

$=-8\times(25)$

$=-200$

答え：－200

指数の位置に注意！

$(-3)^2=(-3)\times(-3)=9$　　-3を2回掛けます

$-3^2=-3\times3=-9$　　3だけを2回掛けます

このように、答えが変わるので注意が必要です。

基本問題1

次の計算をしなさい。

(1)　$-5+3\times(-6)=$

(2)　$8-(-24)\div4=$

(3)　$12-3^3+(-4)^2=$

(4)　$5^2+4\times(-3)+(-2)^3=$

(5)　$25-(-6)\times2+7=$

(6)　$(-4)^2\times(-3)-(-6)\times2^2=$

(7)　$3^2\times\{-10\times(5^2-21)\}=$

(8)　$7\times2^3-6^2\times3=$

解説

(1) $-5+\underline{3\times(-6)}$

$=-5+(-18)$

$=-23$

答え：-23

(2) $8-\underline{(-24)\div 4}$

$=8-(-6)$

$=14$

答え：14

(3) $12-\underline{3^3}+\underline{(-4)^2}$

$=12-27+16$

$=1$

答え：1

(4) $\underline{5^2}+4\times(-3)+\underline{(-2)^3}$

$=25+(-12)+(-8)$

$=5$

答え：5

(5) $25-\underline{(-6)\times 2}+7$

$=25-(-12)+7$

$=25+12+7$

$=44$

答え：44

(6) $\underline{(-4)^2}\times(-3)-(-6)\times\underline{2^2}$

$=\underline{16\times(-3)}-\underline{(-6)\times 4}$

$=-48+24$

$=-24$

答え：-24

(7) $\underline{3^2}\times\{-10\times(\underline{5^2}-21)\}$

$=9\times\{-10\times(\underline{25-21})\}$

$=9\times(\underline{-10\times 4})$

$=9\times(-40)$

$=-360$

答え：-360

(8) $7\times\underline{2^3}-\underline{6^2}\times 3$

$=\underline{7\times 8}-\underline{36\times 3}$

$=56-108$

$=-52$

答え：-52

基本問題2

次の計算をしなさい。

(1) $\frac{3}{8}+\frac{3}{4}=$

(2) $\frac{1}{4}-\frac{5}{12}=$

(3) $\frac{5}{8}\times\frac{2}{3}=$

(4) $\frac{8}{9}\div\frac{2}{3}=$

(5) $\frac{5}{6}-\frac{5}{12}\div\frac{3}{8}=$

(6) $1.3\times1.5+2.7\times1.5=$

(7) $0.8\times(-0.25)^2-0.5=$

(8) $1.8\div\left(\frac{1}{2}-1.25\right)=$

解説

(1) $\frac{3}{8}+\frac{3}{4}$　分数の足し算・引き算は分母を通分します　(分母をそろえます)

$=\frac{3}{8}+\frac{6}{8}$　$\frac{3}{4}$の分母・分子を2倍します　$\frac{3\times2}{4\times2}=\frac{6}{8}$

$=\frac{9}{8}$　分子を足します　$\frac{3+6}{8}=\frac{9}{8}$

(2) $\frac{1}{4}-\frac{5}{12}$

$=\frac{3}{12}-\frac{5}{12}$　$\frac{1}{4}$の分母・分子を3倍します　$\frac{1\times3}{4\times3}=\frac{3}{12}$

$=-\frac{2}{12}$　分子を引きます　$\frac{3-5}{12}$

$=-\frac{1}{6}$　約分します　$-\frac{2\div2}{12\div2}=-\frac{1}{6}$

(3) $\frac{5}{8}\times\frac{2}{3}$

$=\frac{5}{\cancel{8}}\times\frac{\cancel{2}}{3}$　8と2をナナメに約分します

$=\frac{5}{4}\times\frac{1}{3}$　分母どうし・分母どうしを掛けます　$\frac{5\times1}{4\times3}=\frac{5}{12}$

$=\frac{5}{12}$

たくまるポイント

ナナメ約分の理由

$$\frac{5}{8}\times\frac{2}{3}=\frac{5\times2}{8\times3}=\frac{10}{24}$$

$$=\frac{10\div2}{24\div2}\quad\leftarrow約分$$

$$=\frac{5}{12}$$

ナナメ約分なしでも計算できますが、最後に答えを約分する必要があります。掛け算をする前にナナメ約分をした方が、計算は楽にできます。

(4) $\frac{8}{9} \div \frac{2}{3}$

$= \frac{8}{9} \times \frac{3}{2}$

割る数の分母・分子を逆にして掛け算に直します

$= \frac{\cancel{8}^{4}}{\cancel{9}_{3}} \times \frac{\cancel{3}^{1}}{\cancel{2}_{1}}$　9と3、2と8をナナメ約分

$= \frac{4}{3}$

(5) $\frac{5}{6} - \frac{5}{12} \div \frac{3}{8}$

$= \frac{5}{6} - \frac{5}{\cancel{12}} \times \frac{\cancel{8}}{3}$

割る数の分母・分子を逆にして掛け算に直します
12と8をナナメ約分

$= \frac{5}{6} - \frac{5}{3} \times \frac{2}{3}$

$= \frac{5}{6} - \frac{10}{9}$

$= \frac{15}{18} - \frac{20}{18}$　通分

$= -\frac{5}{18}$

\注意/
引き算より割り算を先に計算！

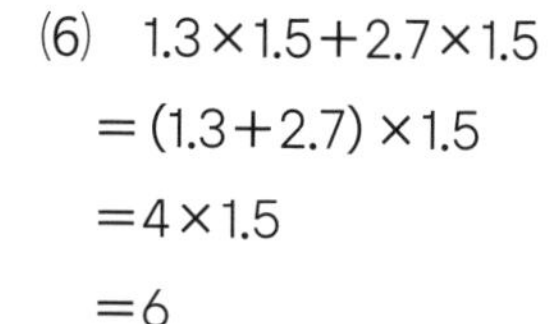

(6) $1.3 \times 1.5 + 2.7 \times 1.5$

$= (1.3 + 2.7) \times 1.5$

$= 4 \times 1.5$

$= 6$

\詳細/
分配法則を利用して×1.5をまとめます

分配法則

$$(X + Y) \times a = X \times a + Y \times a$$

×aを（　）の中のX＋Yに分配する

$$(X - Y) \times a = X \times a - Y \times a$$

(7) $0.8\times(-0.25)^2-0.5$

小数を分数に直します

$0.8=\frac{8}{10}\quad -0.25=-\frac{25}{100}=-\frac{1}{4}\quad 0.5=\frac{5}{10}=\frac{1}{2}$

$=\frac{8}{10}\times\underline{\left(-\frac{1}{4}\right)^2}-\frac{1}{2}$

$\left(-\frac{1}{4}\right)^2=\left(-\frac{1}{4}\right)\times\left(-\frac{1}{4}\right)=\frac{1}{16}$

$=\frac{\cancel{8}}{10}\times\frac{1}{\cancel{16}}-\frac{1}{2}$

8と16をナナメ約分

$=\frac{1}{10}\times\frac{1}{2}-\frac{1}{2}$

$=\frac{1}{20}-\frac{1}{2}$

$=\frac{1}{20}-\frac{10}{20}=-\frac{9}{20}$

指数計算の注意点

$(-0.25)^2$を小数のまま計算すると……

$(-0.25)^2=(-0.25)\times(-0.25)=0.0625$

特に、指数計算は小数よりも分数の方が簡単にできます。

(8) $\underline{1.8}\div\left(\frac{1}{2}-\underline{1.25}\right)$

数を分数に直します　$1.8=\frac{18}{10}$・$1.25=\frac{5}{4}$

$=\frac{18}{10}\div\left(\underline{\frac{1}{2}-\frac{5}{4}}\right)$

(　)の中を通分

$=\frac{18}{10}\div\left(\frac{2}{4}-\frac{5}{4}\right)$

$=\frac{18}{10}\div\underline{\left(-\frac{3}{4}\right)}$

分数の割り算はかけ算に

$=\frac{18}{10}\times\left(-\frac{4}{3}\right)$

ナナメ約分

$=\frac{6}{5}\times\left(-\frac{2}{1}\right)=-\frac{12}{5}$

たくまるポイント

次の小数は分数に直すことが多いので覚えておきましょう！

$\mathbf{0.25=\frac{1}{4}\quad 0.75=\frac{3}{4}\quad 0.125=\frac{1}{8}\quad 0.375=\frac{3}{8}\quad 0.625=\frac{5}{8}}$

2 方程式の解法

これで解ける！

1. 方程式とは文字を含んだ等式※で、その文字にある数を入れたときに成り立つ式。

（※等式→イコールで結ばれた式）

2. 方程式を解くとは、その方程式を成り立たせる※文字の値を求めること。

（※成り立たせる→イコールの両側が等しくなる）

3. （例）　$2x-5=7$

この式のxに6を入れると、式の両側が7となりこの方程式が成り立ちます。

例題

次の方程式を解きなさい。（方程式を解くとは、xがいくつかを調べることです）

$2x+3=15-x$

$2x+3=15-x$　　＋3を＝の右側、$-x$を＝の左側に移動します（移項）

$2x+x=15-3$　　移項を行うときは＋・－を反対にします

（＋3→－3）（$-x$→$+x$）

$3x=12$　　＝の両側を、xにかかっている数で割ります

$3x\div3=12\div3$　　この場合、xには3がかかっているので＝の両側を3で割ります

$x=4$

答え：$x=4$

方程式は次の❶❷で解きます。

❶ 移項

❷ =の両側を、xにかかっている数で割る

基本問題3

次の方程式を解きなさい。

(1) $8x+25=3x$

(2) $-5x-12=6+4x$

(3) $-0.3x+1.6=0.7$

(4) $\frac{3}{4}x+\frac{2}{9}=\frac{1}{3}x-\frac{1}{6}$

解説

(1) $8x+25=3x$　　+25、$3x$を移項します（$3x$は$+3x$の+が省略されています）

$8x-3x=-25$

$5x=-25$　　=の両側をxにかかっている5で割ります

$5x \div 5=-25 \div 5$

$x=-5$

答え：$x=-5$

(2) $-5x-12=6+4x$　　-12、$4x$を移項します

$-5x-4x=6+12$

$-9x=18$　　=の両側をxにかかっている-9で割ります

$-9x \div (-9)=18 \div (-9)$

$x=-2$

答え：$x=-2$

(3) $-0.3x+1.6=0.7$　　+1.6を移項します

$-0.3x=0.7-1.6$

$-0.3x=-0.9$　　＝の両側をxにかかっている-0.3で割ります

$-0.3x\div(-0.3)=-0.9\div(-0.3)$

$x=3$

答え：$x=3$

式全体を10倍して$-3x+16=7$
としてから解く方法もあります。

(4) $\frac{3}{4}x+\frac{2}{9}=\frac{1}{3}x-\frac{1}{6}$　　4．9．3．6の最小公倍数である36で通分します

$\frac{27}{36}x+\frac{8}{36}=\frac{12}{36}x-\frac{6}{36}$　　式全体に36をかけて分母をはらいます

$27x+8=12x-6$　　移項します

$27x-12x=-6-8$　　両辺を計算します

$15x=-14$　　xの係数である15で、両辺を割ります

$15x\div15=-14\div15$

$x=-\frac{14}{15}$

答え：$x=-\frac{14}{15}$

3 割合の計算１

これで解ける！

「２割」や「５％」などの割合は、小数または分数に直して計算します。計算の結果も小数・分数なので、答え方に注意が必要です。

５％の食塩水800gに何gの食塩が含まれているか。

解説

公式　[食塩水の重さ]×[％(濃度)]＝[食塩の重さ]より

$800 \times 0.05 = 40$

（５％＝0.05）

または$\left(800 \times \frac{5}{100} = 40\right)$

$1\% = 0.01 = \frac{1}{100}$

$10\% = 0.1 = \frac{1}{10}$

答え：40g

1,500円の２割はいくらになるか。

公式　[もとにする金額]×[割合]＝[割合にあたる金額]より

$1500 \times 0.2 = 300$

（２割＝0.2）

または$\left(1500 \times \frac{2}{10} = 300\right)$

1割$= 0.1 = \frac{1}{10}$

1分$= 0.01 = \frac{1}{100}$

1厘$= 0.001 = \frac{1}{1000}$

答え：300円

基本問題4

(1) 16％の食塩水200gに含まれる食塩の量は何gか。

(2) 5％の食塩水□gには36gの食塩が含まれている。

(3) 2,000円の8％はいくらになるか。

(4) 1,600円の2割はいくらになるか。

解説

(1) 200×0.16＝32

答え：32g

(2) □×0.05＝36

□＝36÷0.05

□＝720

答え：720g

(3) 2000×0.08＝160

答え：160円

(4) 1600×0.2＝320

答え：320円

4 割合の計算２

これで解ける！

「〇〇割」と「〇〇割増し」・「〇〇割引き」の違いに注意！
簡単に計算できる考え方もあります。

120円の２割引きはいくらになるか。

120円の２割引きは120円から「120円の２割」を引いた金額なので

120－120×0.2＝96円となります。（120円の２割）　**答え：96円**

これを次のように考えると、もう少し簡単に計算することができます。

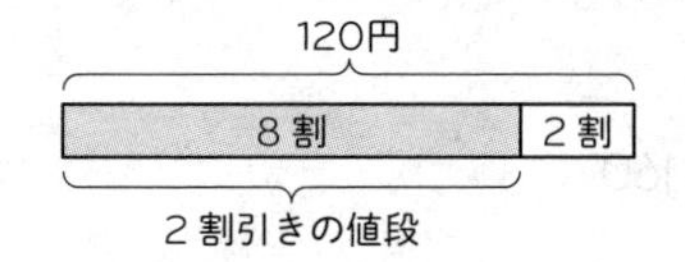

120円の２割引きは、120円の８割に当たるので

120×0.8で求めることができます。120×0.8＝96円です。

同様に120円の２割増しは120円の12割に当たるので

120×1.2＝144円です（12割＝1.2）。　**答え：144円**

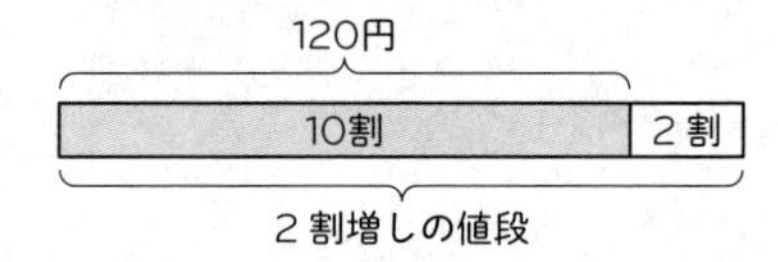

基本問題5

⑴　1,500円の３割引きはいくらになるか。

⑵　800円の１割５分引きはいくらになるか。

⑶　2,400円の25％引きはいくらになるか。

⑷　900円の５割増しはいくらになるか。

⑸　3,500円の45％増しはいくらになるか。

解説

⑴　1500×0.7＝1050　　**答え：1,050円**

⑵　800×0.85＝680　　**答え：680円**

⑶　2400×0.75＝1800　　**答え：1,800円**

⑷　900×1.5＝1350　　**答え：1,350円**

⑸　3500×1.45＝5075　　**答え：5,075円**

5 速さの問題

これで解ける！

ふつう、自動車で走る場合「50キロで走る」といったら、時速50kmのことを表しています。
時速50kmとは、1時間で50kmの距離を進む速さのことです。
このように速さは、単位時間（1時間・1分・1秒）に進む距離（km・m）で表します。
秒速20mとは、1秒で20mを進む速さのことです。
よく使われる速さとしては、時速・分速・秒速などがあります。
これらの意味を考えながら下記の 3 つの例題を見てください。

公式　[距離]÷[時間]＝[速さ]

30mを15秒で進む速さ

解説

30÷15＝2

答え：秒速2m

90kmを 2 時間で進む速さ

90÷2＝45

答え：時速45km

800mを５分で進む速さ

800÷5＝160

答え：分速160m

※計算に使った数量の単位と、答えの単位が一致することに注意してください。

また速さの問題では、設問で指定された単位に注意して答えてください。

4.5kmを１時間30分で進む速さは時速何kmか。

解説

4.5÷1.5＝3

答え：時速３km

$\left[30分＝\frac{30}{60}時間＝\frac{1}{2}時間\ \ または\ \ 0.5時間より\quad 1時間30分＝1.5時間\right]$

分速350mの速さで２時間15分進んだときの距離は何mか。

解説

□÷135＝350

［２時間15分＝135分］

□＝350×135

□＝47250

答え：47250m

分速400mの速さで28.8km進むのに何時間何分かかるか。

解説

28.8÷□＝0.4

[400m＝0.4kmより分速400m＝分速0.4km]

□＝28.8÷0.4

□＝72

72分＝１時間12分

答え：１時間12分

基本問題6

(1) 20kmを4時間で進む速さは時速何kmか。

(2) 時速40kmの速さで3時間進んだときの距離は何kmか。

(3) 分速250mの速さで1500m進むのにかかる時間は何分か。

(4) 50kmを2時間30分で進む速さは時速何kmか。

(5) 分速300mの速さで1時間20分進んだときの距離は何mか。

(6) 分速600mの速さで27km進むのにかかる時間は何分か。

(1)　20÷4＝5　　**答え：時速５km**

(2)　□÷3＝40

　　□＝40×3

　　□＝120　　**答え：120km**

(3)　1500÷□＝250

　　□＝1500÷250

　　□＝6　　**答え：６分**

(4)　50÷2.5＝20　　**答え：時速20km**

（２時間30分＝2.5時間）

(5)　□÷80＝300
（1時間20分＝80分）

□＝300×80
□＝24000

答え：24000m

(6)　27000÷□＝600
（27km＝27000m）

□＝27000÷600
□＝45

答え：45分

02 速さの問題

［頻出度］
SPI ◎
SCOA ○
light △
社会人基礎 ○

1 旅人算

これで解ける！

旅人算とは二人の人が同時に移動する問題です。
二人の人が反対向きに移動する場合と、同じ向きに移動する場合とがあります。

反対向きに移動する場合
1200m離れたA地点に山田さん、B地点に鈴木君がいる。二人はA地点B地点を同時に出発し山田さんは毎分40m、鈴木君は毎分60mで歩きます。2人が出会うのは出発してから何分後か。

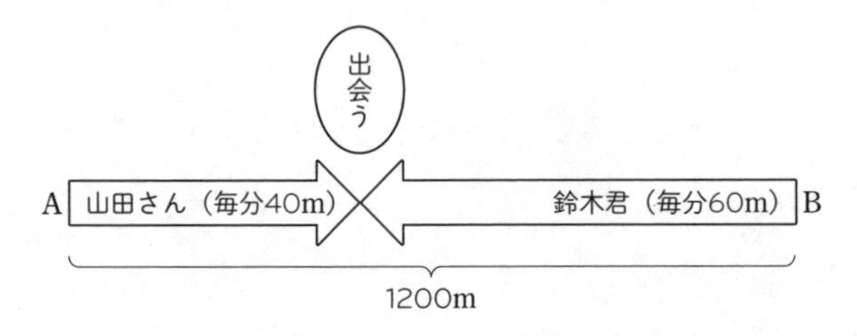

上図より、山田さんと鈴木君は、毎分100m(40m＋60m)ずつ近寄っていくことになります。そこで、二人が出会うまでの時間は1200÷100＝12より12分後であることがわかります。

答え：12分後

二人の人が反対向きに移動する場合

出会うまでの時間 ＝ ２点間の距離 ÷ 速さの和 ［速さを足す］
（二人が反対向きに移動する場合、二人の速さの和を使うことがポイントです）

同じ向きに移動する場合
姉は毎分40mで学校に向かって歩いている。妹は姉の忘れ物に気づき、毎分60mで追いかけた。妹が追いかけ始めたとき、姉妹の距離は300mあった。妹が姉に追いつくのは、妹が出発してから何分後か。

解説

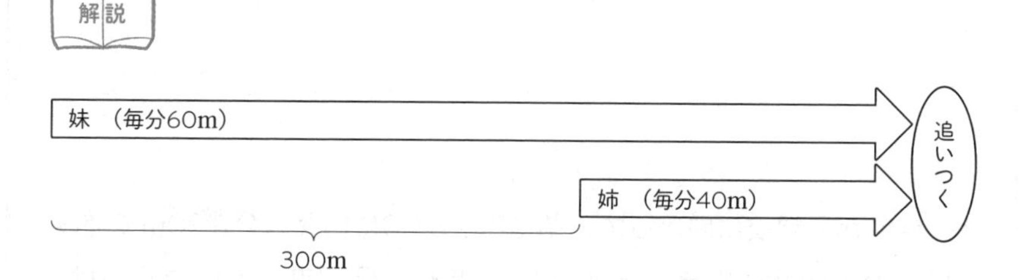

上図より、妹は姉に毎分20m(60m－40m)ずつ追いついていくことになります。
そこで、妹が姉に追いつくまでの時間は300÷20＝15より15分後であることがわかります。

答え：15分後

二人の人が同じ向きに移動する場合

追いつくまでの時間 ＝ ２人の間の距離 ÷ 速さの差 ［速さを引く］
（二人が同じ向きに移動する場合、二人の速さの差を使うことがポイントです）

基本問題1

(1) 駅から自宅に向かって、父が分速80mで歩き、自宅から駅に向かって正雄が分速60mで歩く。駅から自宅までの道のりは980mある。父と正雄が同時に出発したとき、二人は何分後に出会うか。

(2) A町とB町は2km離れている。
12:00ちょうどに兄がA町からB町に向けて分速120mで向かい、12:10に弟はB町からA町に向けて分速80mで向かった。兄と弟は何時何分に出会うか。

(3) 自宅から学校に向かって、弟は家を8:00に出発し分速80mで進み、兄は家を8:06に出発し分速120mで進む。兄が弟に追いつくのは何時何分か。

(4) 自宅から駅に向かって妹が15:30に出発した。妹は分速40mで進んでいる。15:36に妹の忘れ物に気づいた姉が、分速100mで妹を追いかけた。姉は自宅から何m進んだところで妹に追いついたか。

解説

(1)　二人の間の距離(駅と自宅)は980mです。

二人は分速80m＋分速60mより、分速140mで近づいていることになります。

980÷140＝7

答え：7分後

(2)　弟が出発するとき、兄はB町に向かって1200m(分速120m×10分)進んでいるため、兄と弟の間の距離(2000m−1200m)は800mです。

兄と弟は分速120m＋分速80mより、分速200mで近づくことになります。

800÷200＝4より2人は弟が出発してから4分後に出会います。

問われているのは兄弟が出会う時刻なので

12:10＋4分＝12:14

答え：12:14

(3)　兄が出発するときに弟は、分速80m×6分＝480m先に進んでいます。

分速120m−分速80mより、兄は毎分40mずつ弟に近づきます。

480÷40＝12より兄は12分で弟に追いつきます。

問われているのは兄が弟に追いつく時刻なので

8:06＋12分＝8:18

答え：8:18

⑷　姉が出発したときに妹は、分速40m×６分＝240m先に進んでいます。

分速100m－分速40mより、姉は毎分60mずつ妹に近づきます。

240÷60＝4より姉は４分で妹に追いつきます。

問われているのは姉の進んだ距離なので

分速100m×４分＝400m　[※速さ×時間＝距離]

答え：400m

2 通過算

これで解ける！

通過算とは、列車などが、電柱や人の前を通り過ぎたり、鉄橋やトンネルを通ったりする際の、時間・道のり・速さ等を求める問題です。

通過算のポイントは、列車などが移動する距離を正しく把握することです。それができれば、これまでに学んだ「速さ」に関する問題と同様に解くことができます。

通過する際に移動する距離の考え方には、次の2つのパターンがあります。

電柱など長さ（幅）のないものを通過するタイプの問題

時速90kmで走る列車が、電柱の前を通過するのに5秒かかった。この列車の長さは何mか。

※この場合、列車が電柱の前を通過する間に走った距離が、列車の長さと等しくなります。　（電柱の幅は考えません）

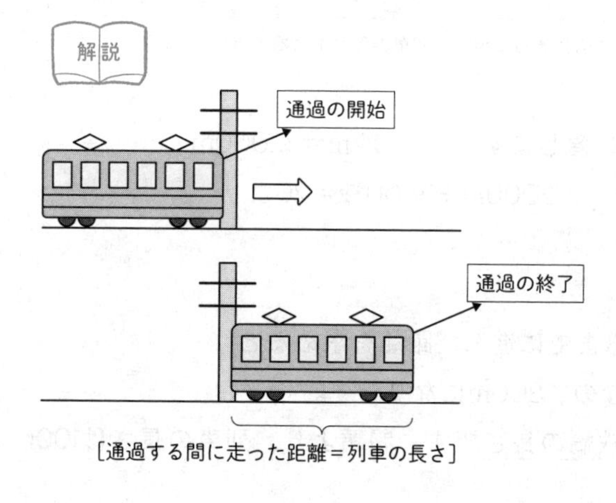

［通過する間に走った距離＝列車の長さ］

まず、時速90kmを秒速に直します。

90km＝90000m

また1時間は3600秒なので90000m÷3600秒＝25より秒速25mです。

秒速25mで5秒進んだときの距離が列車の長さですから

25×5＝125

答え：125m

鉄橋など長さのあるものを通過するタイプの問題

長さ100mの列車が、時速72kmで走行している。この列車が鉄橋を通過するとき、鉄橋を渡り始めてから渡り終わるまでに40秒かかった。鉄橋の長さは何mか。

※この場合、列車が鉄橋を通過するのに走った距離は、列車の長さ＋鉄橋の長さと等しくなります。

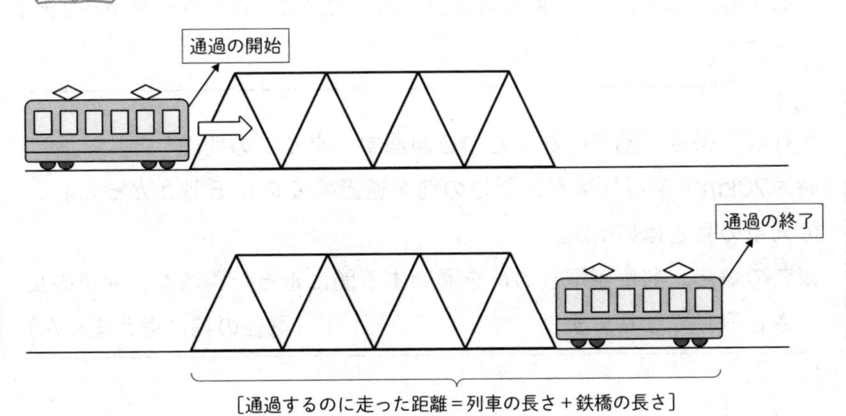

まず、時速72kmを秒速に直します。　　72km＝72000m

１時間は3600秒なので　　72000m÷3600秒＝20より

秒速20mです。

列車が、鉄橋を通過するまでに進んだ距離を求めると

秒速20m×40秒＝800なので800mになります。

これは、列車の長さ＋鉄橋の長さです。問題より、列車の長さは100mですから

鉄橋の長さは800−100＝700

答え：700m

基本問題2

⑴　時速90km、長さ200mの列車が、ホームに立っているAさんの前を通過するのに何秒かかるか。

⑵　長さ180mの列車が、1本の電柱の前を通過するのに9秒かかった。この列車の速さは時速何kmか。

⑶　300mの鉄橋を、長さ120mの列車が秒速7mの速さで通過する。列車が鉄橋にさしかかってから、完全に通過し終わるまでに何分かかるか。

⑷　1560mのトンネルを、長さ240mの列車が通過するのに2分かかった。列車の速さは、時速何kmか。

⑸　長さ220mの列車が秒速18mで上り方向に、長さ170mの列車が秒速12mで下り方向に進んでいる。お互いの列車がすれ違い始めてから、すれ違い終わるまでに何秒かかるか。

⑹　長さ270mの列車Aが秒速25mで、長さ150mの列車Bが秒速20mで、同じ方向に進んでいる。列車Aが列車Bに追いついてから追い越すまで、何分何秒かかるか。

解説

⑴　時速90kmは　90km＝90000m・1時間＝3600秒なので90000÷3600＝25よりこの列車の速さは秒速25mです。この問題の場合、列車の長さと、列車の進む距離は等しくなるので
200m÷秒速25秒＝8

答え：8秒

⑵　180m÷9秒＝20よりこの列車の速さは秒速20mです。これを時速に直すと
秒速20m×3600秒＝72000m＝72km
（1時間＝3600秒）
※秒速を時速に直す場合3600を掛けてください。

答え：時速72km

⑶　この場合列車の進む距離は、［鉄橋＋列車の長さ］です。
(300m＋120m)÷秒速7m＝60より通過するのにかかる時間は60秒です。問題では「何分かかるか」と問われているので注意してください。

答え：1分

⑷　この場合、列車の進む距離は［トンネル＋列車の長さ］です。
(1560m＋240m)÷2分＝900より列車の速さは分速900mです。問題では「時速何kmか」と問われているので、分速900mを時速に直します。
分速900m×60分＝54000m＝54km

答え：54km

(5)

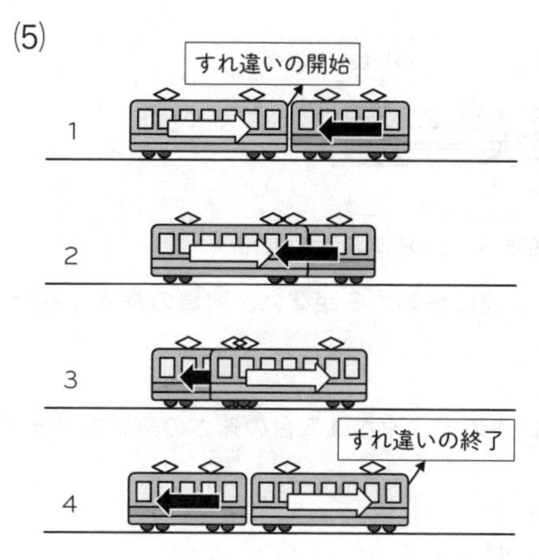

すれ違いが始まってから、終わるまでの間に、それぞれの列車がどれだけ進んだのかはわかりません。

しかし、2台の列車が進んだ距離の合計は、それぞれの列車の長さを合わせものであることがわかります。

※白い矢印をつけた列車の先頭がどこからどこまで移動しているかを見てください。

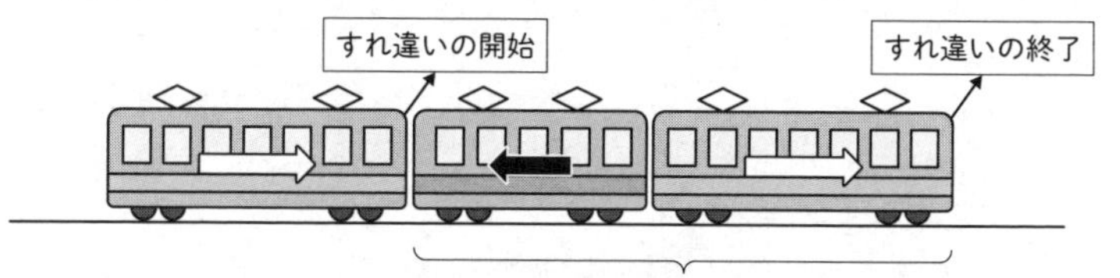

[すれ違う間に走った距離 = 2台の列車の長さの合計]

上図より列車がすれ違う間に移動する距離は、列車の長さの合計です。(220m＋170m＝390m)
二台の列車が逆方向に進んでいるので、速さについても二台の速さを合計します。(旅人算参照)
(秒速18m＋秒速12m＝秒速30m)
すれ違いにかかる時間は390÷30＝13

答え：13秒

(6)

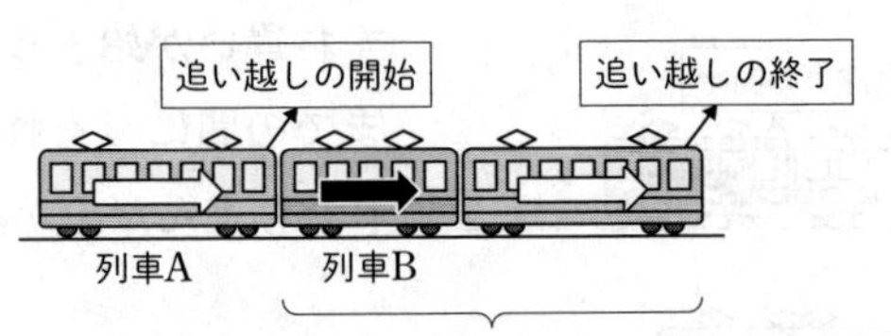

上図より列車Aが列車Bを追い越す間に移動する距離は、列車の長さの合計です。

(270m＋150m＝420m)

二台の列車が同じ方向に進んでいるので、速さは二台の速さの差になります。

(旅人算参照)

(秒速25m－秒速20m＝秒速５m)

すれ違いにかかる時間は420÷5＝84秒

84秒＝１分24秒

答え：1分24秒

3 流水算

これで解ける！

川のように水が流れている所を船が進んでいく問題を「流水算」といいます。
流れと同じ向きに進む（川を下る）船は、川の流れの速さぶん速くなります。
流れと逆向きに進む（川を上る）船は、川の流れの速さぶん遅くなります。
流水算は川の流れの速さを意識すれば、普通の速さの問題と同様に解けるはずです。

川を下るときの船の速さは［ 静水での船の速さ ＋ 川の流れの速さ ］
川を上るときの船の速さは［ 静水での船の速さ － 川の流れの速さ ］
※「静水での船の速さ」とは、流れのない場所での船の速さのことです。

静水時の速さが時速６kmの船がある。この船が時速２kmの速さで流れる川を36km下るのに何時間何分かかるか。

解説

この船が川を下る速さは、時速６km＋時速２km＝時速８km
時速８kmで36km進むので、かかる時間は、
［道のり÷速さ＝時間］より36km÷時速８km＝4.5時間
4.5時間＝４時間30分

答え：４時間30分

静水時の速さが時速18kmの船がある。この船が、川を42km上るのに
3時間かかった。川の流れの速さは、時速何kmか。

解説

［道のり÷時間＝速さ］より
この船が川を上る速さは42km÷3時間＝時速14kmです。
静水時に時速18kmの船が、実際には時速14kmしか出ていなかったのは、
川の流れに逆らって進んだからです。
つまり、この遅くなったぶんが川の流れの速さです。よって川の流れの
速さは、
時速18km－時速14km＝時速4km

答え：時速4km

◇速さに関する公式◇

［道のり ÷ 時間 ＝ 速さ］
［道のり ÷ 速さ ＝ 時間］
［速さ × 時間 ＝ 道のり］

※どの式も、単位をそろえることがポイントになります。

（誤）20km÷分速400m＝0.05分
kmとmで単位が異なっています。

（正）20km÷時速4km＝5時間
kmで単位がそろっています。

基本問題3

⑴　静水時の速さが分速100mの船がある。この船が川を12km上るのに３時間20分かかった。川の流れの速さは分速何mか。

⑵　静水時の速さが分速120mの船がある。川の流れの速さが分速80mのとき、この船が川を16km下るのにかかる時間は何時間何分か。

⑶　静水時の速さが時速25kmの船がある。この船が、時速５kmの速さで流れる川を１時間24分下った。進んだ距離は何kmか。

⑴　船が川を上るときの速さは、12km(12000m)上るのに３時間20分(200分)かかったので、12000m÷200分＝分速60m
これは、川の流れのぶん遅くなった状態での速さです。この船は、静水時では分速100mでしたので、川の流れの速さは、分速100m－分速60m＝分速40m

答え：分速40m

⑵　船は川を下るので、川の流れのぶん速くなります。その速さは
分速120m＋分速80m＝分速200mです。
この速さで16km(16000m)進むので、かかる時間は、
16000m÷分速200m＝80分
80分＝１時間20分

答え：１時間20分

⑶　船は川を下るので、川の流れのぶん速くなります。その速さは
時速25km＋時速５km＝時速30km
このスピードで１時間24分進みます。
[速さ×時間＝距離］より
時速30km×1.4時間＝42km

答え：42km

$\left(24分=\frac{24}{60}時間=0.4時間なので1時間24分=1.4時間\right)$

4 時刻表の問題

これで解ける！

時刻表の問題のポイントは、答えとなる事柄の把握と出発時刻・到着時刻から、各区間に要した時間を正確に求めることです。

ある人がA地点を出発し、B地点を経由してC地点に向かった。A〜C間の距離は25kmである。Aを10:00に出発し、Bを10:50に通過し、Cに11:20に到着した。A〜B間の速さが18km／時であるとき、B〜C間の速さは何km／時か。

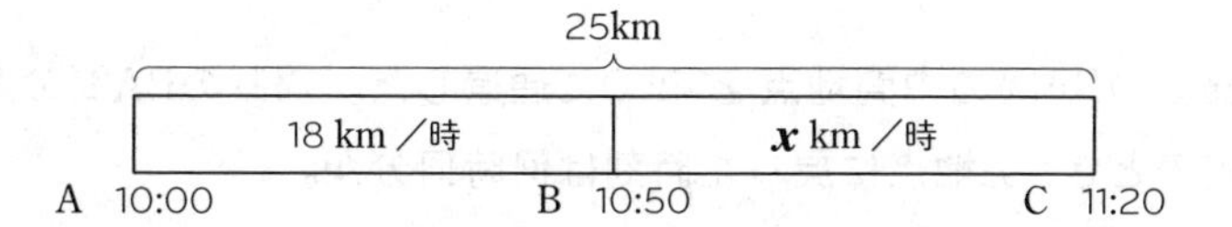

A〜B間の距離は、18km／時で50分かかったので$18\times\frac{50}{60}=15$より15km

$\left(50分=\frac{50}{60}時間\right)$

B〜C間の距離は、25－15＝10より　10km

B〜C間の速さは、10kmを30分で進んだので$10\div\frac{30}{60}=20$より

答え：20km／時

基本問題4

ある人がA地点を出発し、B地点を経由してC地点に進み、同じ道を通ってA地点に戻った。そのときの出発時刻・途中通過時刻は以下の通りで、A〜B間の距離は５km・行きのA〜C間の平均時速は、６km／時であった。

	行き	帰り
A地点	12:00出発	(　)到着
	↓	↑
B地点	12:50通過	14:30通過
	↓	↑
C地点	13:30到着	13:40出発

①　B〜C間の距離は何kmか。

②　帰りのBA間の中間地点を14:50に通過した。帰りのBA間の速さが一定のとき、A地点に戻った時刻は何時何分か。

解説

① A〜C間の距離は、行きの平均時速が6km／時で1時間30分かかっているので

6km／時×1.5時間＝9kmです。　(1時間30分＝1.5時間)

A〜B間の距離は5kmなので、B〜C間の距離は9km－5km＝4km

答え：4km

② 帰りのBA間の中間地点は、B地点からA地点に向かって2.5kmのところです。

これを20分で進んでいるので、帰りのBA間の速さは$2.5 \div \frac{20}{60}=7.5$より7.5km／時です。

B〜A間の5kmを7.5km／時で進むと$5 \div 7.5=\frac{2}{3}$時間＝40分かかります。

B地点を14:30に通過しているので、A地点に戻るのはその40分後の15:10となります。

答え：15:10

基本問題5

４人の走者が駅伝を走った。第２区と第３区は４km、第４区は６kmである。各走者の通過時刻は下記の通りである。

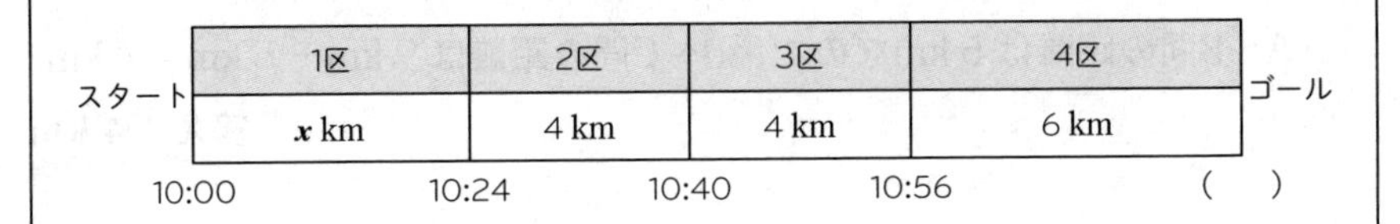

①　１区の走者の平均の速さは12.5km／時である。１区の距離は何kmか。

②　４区の走者の平均時速が18km／時のとき、１区〜４区全体の平均の速さは何km／時か。

① 12.5km／時の速さで、24分間進んでいるので　$12.5\times\frac{24}{60}=5$

答え：5 km

② 4区にかかった時間は、6 kmを18km／時で進んだので

$6\div18=\frac{1}{3}$時間＝20分

よって、ゴールに到着した時刻は11:16となります。

スタートからゴールまでの19kmを1時間16分かかっているので

$19\div\frac{76}{60}=15$　（1時間16分＝76分＝$\frac{76}{60}$時間）

答え：15km／時

03 割合(1)

［頻出度］
SPI ◎
SCOA ◎
light ○
社会人基礎 ○

1 割合の問題

これで解ける！

「150人の２割は30人です。」このとき
150人は［もとにする量］
２割は［割合］
30人は［割合にあたる量］です。

この３つの数の関係は

［もとにする量］	×	［割合］	＝	［割合にあたる量］
［ 150	×	0.2	＝	30 ］

という式で表されます$\left(２割＝0.2＝\frac{2}{10}\right)$。

割合の問題は、問いの文章から与えられている数量が
［もとにする量］・［割合］・［割合にあたる量］のうち、どれにあたるのかを読み取ることがポイントです。

Aさんは図書館で350ページの本を借りて、３日間で全体の６割を読んだ。まだ読んでいないのはあと何ページか。

この問題の場合、350ページが［もとにする量］で６割は［割合］ですから、

350×0.6＝210より、３日間で210ページを読んだことになります。

まだ読んでいないページ数を求めると350－210＝140

答え：140ページ

ある商品を仕入れたところ、１日目で仕入れた個数の６割５分が売れ、２日目は残りの個数の７割５分である525個が売れた。この商品を仕入れた個数は何個になるか。

解説

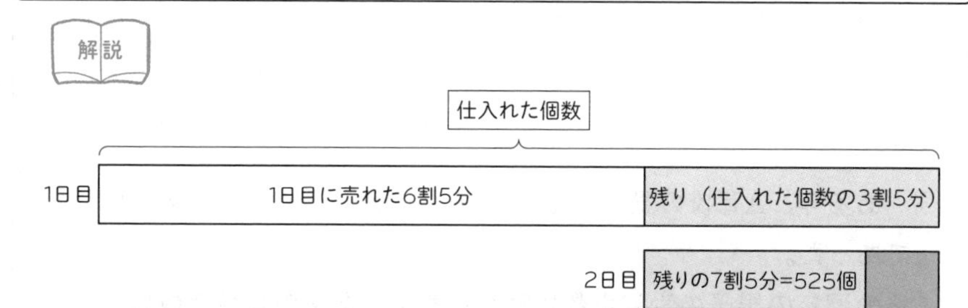

２日目に売れた数は、１日目の残りの７割５分にあたる525個です。

そこで、１日目の残り×0.75＝525より、525÷0.75＝700となり

１日目に売れ残った数は700個です。

１日目に仕入れた個数の６割５分が売れたので、残った700個は仕入れた個数の３割５分にあたります。

仕入れた個数×0.35＝700より仕入れた個数＝2000個

答え：2000個

基本問題1

(1)　1.5Lのジュースがある。井上さんの妹が先に全体の20％を飲み、井上さんが残りのジュースの24％を飲んだ。ジュースはあと何mL残っているか。

(2)　山崎さんが計算問題を400問中250問まで解いたところ、正答率は88％だった。残りの問題を解いて、全体の正答率を90％以上にするには、これから何問以上正解すればよいか。

(3)　ある年、A高校の受験者数は全体で800人、そのうち女子が55％であった。
その翌年の男子の受験者数は300人増え、女子の受験者数は変化しなかった。
女子の受験者数は受験者全体の何％となったか。

解説

(1)　井上さんの妹が飲んだ量は　1500mL×0.2＝300mLです。
妹が飲んだあと残ったジュースは1500－300＝1200mLです。
そこから、井上さんが飲んだ量を求めると1200mL×0.24＝288mLとなり
残っているジュースの量は　1500－(300＋288)＝912

答え：912mL

(2)　250問の88％は　250×0.88＝220ですから、250問まで解いたところの正解数は220問です。
問題全体の400問の90％は　400×0.9＝360なので、全体の正答率を90％以上にするためには400問中360問以上を正解しなければなりません。そこで、これから正解しなければならないのは
360－220＝140

答え：140問以上

(3)　ある年の女子の受験者数は800×0.55＝440人です。
翌年の受験者数全体を求めると800＋300＝1100人となります。
女子440人の受験者数全体の人数1100人に対する割合は、
1100×割合＝440より
440÷1100＝0.4　　0.4＝40％

答え：40％

2 比の問題

これで解ける！

比の問題を解くためには【内項の積＝外項の積】と【比の割合に分ける】という２つのポイントがあります。

ポイント①【内項の積＝外項の積】を利用する問題

兄と弟の所持金の比は５：４であった。弟の所持金が4,500円のとき、兄の所持金はいくらか。

解説

兄の所持金をx円とすると　x：4500＝5：4　と表せます。

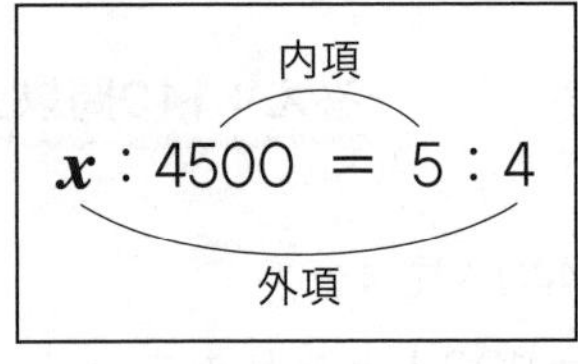

このとき4500と５を「内項」、xと４を「外項」といいます。

比にはこの「内項」の積と「外項」の積が等しくなる性質があります。そこで4500×5＝x×4が成り立つので、x＝5625となり兄の所持金は5,625円です。

答え：5,625円

ポイント②【比の割合に分ける問題】

ある年のA高校の受験者の総数は男女合わせて840人だった。男女の比が７：５のとき、女子の受験者は何人か。

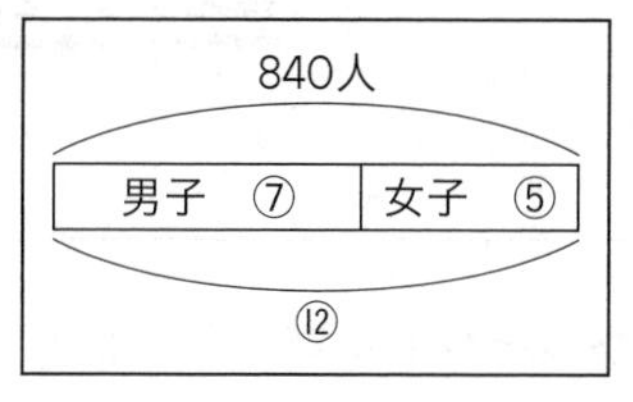

左図より受験者の総数840人は⑦＋⑤なので⑫にあたります。そこから①にあたる人数を求めると840÷⑫＝70より70人＝①です。女子の人数は⑤にあたるので70×⑤＝350となり、女子の受験者は350人です。

答え：350人

基本問題2

A校の生徒の男女比は11：９で、男子のうち部活に所属している生徒と、所属していない生徒の比は８：３である。

①　男子の人数が550人のとき、全校生徒の人数は何人か。
②　部活をしていない生徒の男女比が５：４のとき、部活をしていない女子生徒と全校生徒の人数の比はどうなるか。

解説

①　550：(女子の人数)＝11：９より　　(女子の人数)×11＝550×９
(女子の人数)＝550×９÷11
(女子の人数)＝450　　　550＋450＝1000

答え：1000人

② 男子の人数550人を8：3に分けるとき、①にあたるのが550÷(8+3)＝50人

③にあたるのは50×3＝150で、部活をしていない男子生徒は150人です。

そこで150：(部活をしていない女子生徒)＝5：4 となります。

(部活をしていない女子生徒)×5＝150×4が成り立つので

これを解いて、(部活をしていない女子生徒)＝120人より

120：1000＝3：25

答え：3：25

基本問題3

A君とBさんが7：3の割合で費用を出してプレゼントを買うことにした。しかし、プレゼントが予定より2割高価であったため、予定の金額をオーバーした分をA君とBさんが3：2の割合で負担した。そのためBさんの支払った金額が予定よりも1,600円多くなった。プレゼントの値段はいくらだったか。

A君とBさんの支払う割合のうち、はじめに予定した7：3と予定をオーバーしたぶんの3：2は、もとにしている金額が異なります。そこで、二つの比を混同しないように、はじめに予定した7：3を[7]：[3]のように表すとよいでしょう。

解説

初めに予定した費用は、A：B＝7：3なので7＋3より10と表せます。
プレゼントの代金は予定より2割高価だったので10×0.2＝2（2割＝0.2）
となり、予算をオーバーした金額を2と表します。

予算オーバーした金額のうちBさんの負担は、2を3：2に分けたうちの2にあたります。
1にあたるのが2÷(3＋2)＝0.4なので、Bさんの負担は　0.4×2＝0.8です。

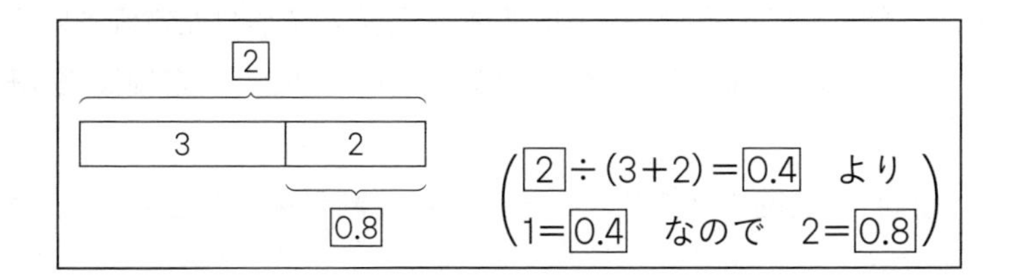

Bさんが支払った金額は、予定よりも1,600円多くなったとありますから0.8＝1600円です。
また、予定の金額が10で実際にはそれより2高価だったので、プレゼントの値段は12と表されます。

これよりプレゼントの値段をx円とすると
0.8：12＝1600円：x円より0.8×x＝12×1600を解いてx＝24000となりプレゼントの値段は24,000円です。

答え：24,000円

04 割合(2)

［頻出度］
SPI ◎
SCOA ◎
light ○
社会人基礎 ○

1 売買の問題

これで解ける！

問題に使われる、語句の理解がポイントです。

① 「原価」 品物を仕入れるのにかかった金額です。「仕入れ値」とも表現されます。

② 「定価」 原価に利益を加えた額です。
例、原価800円の品物に２割の利益を見込んでつけた定価はいくらか。
800×0.2＝160円(利益)　800＋160＝960　　定価は960円

③ 「売値」 定価では売れなかった場合、割引をしたときに使われる語句です。
割引がなかった場合、定価＝売値　の場合もあります。
例、定価800円の品物を15％引きで売った。売値はいくらか。
800×0.15＝120(割引額)　800－120＝680　　売値は680円

④ 「売上げ」 利益と混同されがちなので注意してください。
【売上げ＝売値(定価)×売れた数】です。

⑤ 「利益」【利益＝売値(売上げ)－原価(仕入れ値)】です。
例、原価1,250円の品物を1,600円で売った。利益はいくらか。
1600－1250＝350　　利益は350円

「原価」「定価」「売値」「売上げ」「利益」などの語句を正しく理解してください。

仕入れ値が400円の品物に3割の利益を見込んで定価をつけたが売れなかったので、定価の1割5分引きで売った。利益はいくらか。

解説

まず定価を求めます。

400×0.3＝120円(利益)　400＋120＝520　定価520円

次に売値を求めます。

520×0.15＝78円(割引額)　520－78＝442　売値442円

売値から仕入れ値を引いたものが利益です。442－400＝42

答え：42円

1本20円のバナナを400本仕入れた。仕入れた本数の2割が傷んで売れなくなった場合でも、仕入れ値の1割以上の利益を上げるためには、1本の定価が何円以上ならばよいか。

仕入れ値は　20×400＝8000円です。

利益は仕入れ値の1割なので　8000×0.1＝800円

よって売上げは8000＋800＝8800円以上になる必要があります。

仕入れた400本のうち2割が傷んで売れないとき、傷んで売れなくなった本数が400×0.2＝80本なので売れるバナナの本数は

400－80＝320本

(1本の定価)×320本＝8800円以上となればよいので

1本の定価は8800÷320＝27.5円より

0.5円を切り上げて28円になります。

答え：28円以上

基本問題1

⑴　原価1,000円の品物に何％かの利益を見込んで定価をつけた。しかし、定価では売れなかったため、定価の２割引きで売ったところ40円の損失になった。原価に何％の利益を見込んで定価をつけたのか。

⑵　原価600円の品物を400個仕入れた。それに１割５分の利益を見込んだ定価をつけて売ったところ、250個だけが売れた。

①　残りの品物がすべて売れ残ったとき、いくらの利益または損失になるか。

②　残りの品物すべてを定価の１割引きで売ると、利益は全体でいくらになるか。

(1)　1000円で仕入れた品物を売って、40円の損失となったので
売値は1000－40＝960円です。

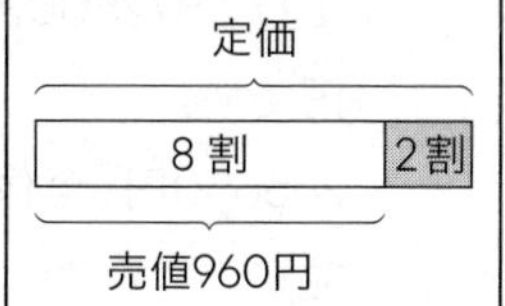

その売値は定価の２割引きなので
定価×0.8＝960より定価は1200円となります。

よって、最初に見込んだ利益は1200(定価)－1000(原価)＝200円です。
これが原価1000円の何％にあたるかを求めると200÷1000＝0.2
0.2＝20％

答え：20%

(2)①　仕入れ値は600×400＝240000円です。１個当たりに見込んだ利益は600×0.15＝90円なので定価は600＋90＝690円になります。
ですから、250個分の売上げは690×250＝172500円です。そこから利益を求めると
172500円(売り上げ)－240000円(仕入れ値)＝－67500円(利益の値がマイナスです)

答え：67,500円の損失

② 残りの150個を定価の1割引きで売ったとき、1個の売値は690×0.9＝621円になるので

売り上げは621×150＝93150円です。 初めに売れた250個分の売り上げが172500円なので、売上げは全体で172500＋93150＝265650円です。

265650円（全体の売り上げ）−240000円（仕入れ値）＝25650円（利益）

答え：25,650円

2 濃度の問題

これで解ける！

食塩水の問題には以下の公式があります。

① ［食塩の量］ ＝ 食塩水の量 × 濃さ（小数）
② ［食塩水の量］ ＝ 食塩の量 ÷ 濃さ（小数）
③ ［濃さ（小数）］ ＝ 食塩の量 ÷ 食塩水の量

特に、③［濃さ（小数）］ ＝ 食塩の量 ÷ 食塩水の量 の公式は重要です。
食塩水の量は、食塩の量 ＋ 水の量です。
また、濃さは小数で求まります。％に直すことを忘れないでください。
（0.01＝1％、0.1＝10％です）

基本的な３パターンの問題を計算してみる。
① 15％の食塩水200gの中に食塩は何gあるか。

［食塩の量］の公式から200×0.15＝30g

答え：30g

② 24gの食塩で16％の食塩水を作ると、何gの食塩水ができるか。

［食塩水の量］の公式から24÷0.16＝150g

答え：150g

③ 14gの食塩と水386gを混ぜると何％の食塩水ができるか。

［濃さ］の公式から14÷(14＋386)＝0.035 → 3.5％　**答え：3.5％**

基本問題2

(1) 10％の食塩水200gと20％の食塩水600gを混ぜると何％の食塩水になるか。

(2) 15％の食塩水200gに水を何gを加えると、５％の食塩水になるか。

(3) ３％の食塩水500gから水を蒸発させ、５％の食塩水にするには、何gの水を蒸発させればよいか。

(4) 15％の食塩水180gに食塩を加えて25％の食塩水を作るには、何gの食塩が必要か。

(1)

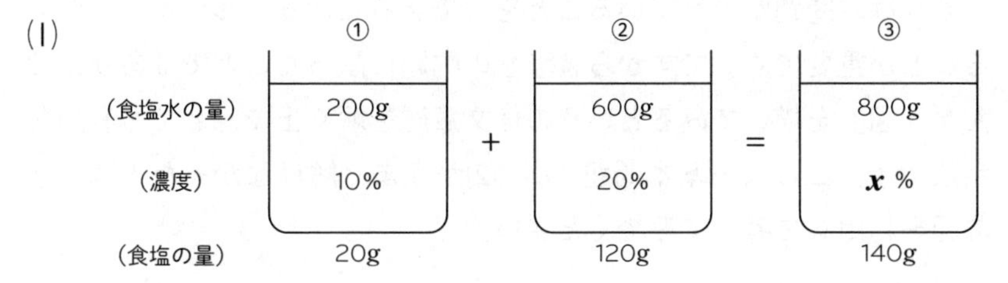

① 10%の食塩水200gに含まれる食塩の量は200×0.1＝20gです。

② 20%の食塩水600gに含まれる食塩の量は600×0.2＝120gです。

③ 出来上がった食塩水は全部で200＋600＝800g そこに含まれる食塩の量は20＋120＝140gなので
濃度は140÷800＝0.175 0.175＝17.5%

答え：17.5%

(2)

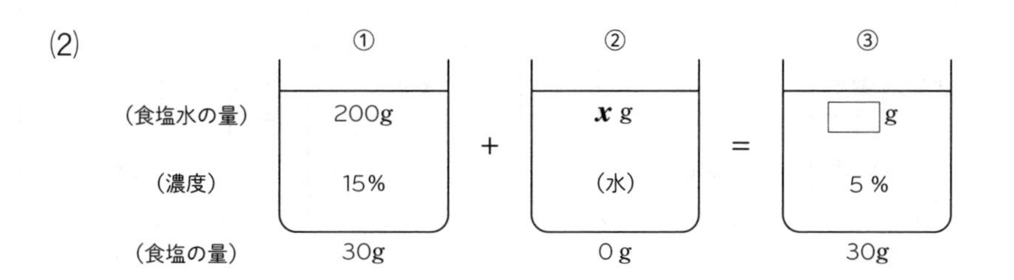

① 15%の食塩水200gに含まれる食塩の量は200×0.15＝30gです。

② 水xgを加えます。(食塩は含まれていません)

③ 出来上がった食塩水に含まれる食塩の量は30＋0＝30gで、濃度は５%なので 食塩水全体の量は30÷0.05＝600gになります。
よって、加えた水の量xgは200＋x＝600よりx＝400

答え：400g

文章題は、問題が述べていることを、できるだけリアルにイメージすることが重要です。ですから食塩水の問題に限ったことではありませんが「図」を描いてみるというのは文章題を解く上で、とても有効な手段です。ここまで基本問題2の⑴⑵がうまく解けなかった人は、下の図を利用して考えてみてください。

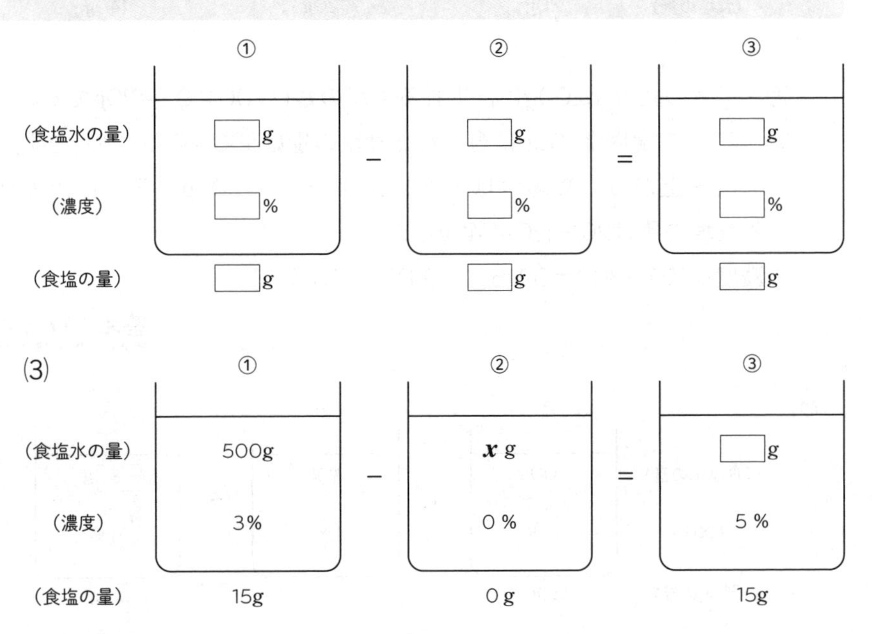

① 3%の食塩水500gに含まれる食塩の量は15gです。（500×0.03＝15）

② そこから蒸発させる水の量をxgとします。（濃度・食塩の量は0です）

③ 出来上がった食塩水は濃度が５%、含まれている食塩の量は15gです。

これより食塩水の量は15÷0.05＝300gです。

始めの量が500gだったので蒸発させた水の量は500－x＝ 300よりx＝200

答え：200g

⑷　図を使って考えてみてください

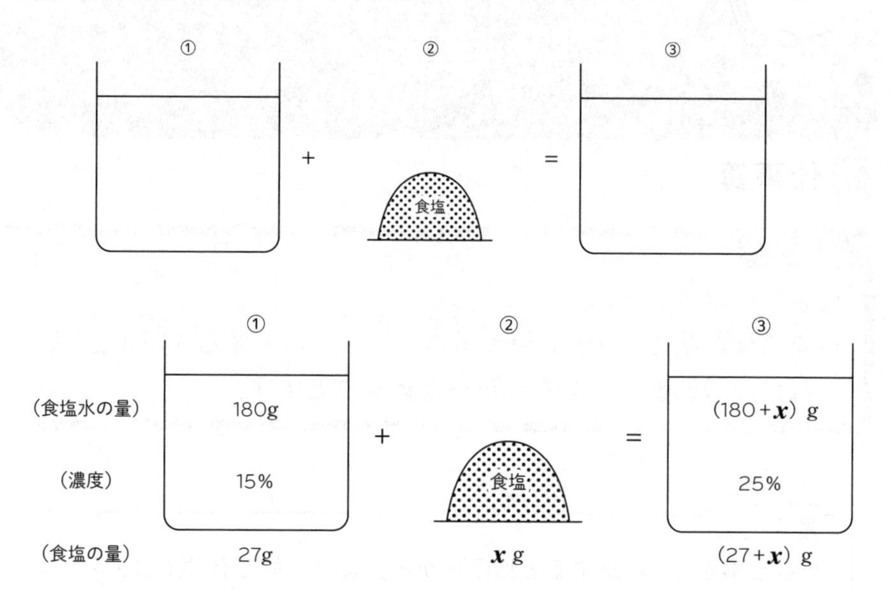

①　15%の食塩水180gに含まれる食塩の量は27gです。($180\times0.15=27$)

②　そこに加える食塩の量をxgとします。

③　出来上がった食塩水は、全体で$(180+x)$g　濃度は25%　そこに含まれている食塩の量は$(27+x)$gになります。

これより$(180+x)\times0.25=(27+x)$が成り立ちます。
（食塩水の量　濃さ　食塩の量）

これを解いて

0.25を180とxにかけてください（分配法則）

$(180+x)\times0.25=(27+x)$

$45+0.25x=27+x$
$0.25x-x=27-45$
} 移項（移項した数は符号が変わります）

$-0.75x=-18$

$-0.75x\div(-0.75)=-18\div(-0.75)$

$x=24$

答え：24g

05 特殊算・整数

［頻出度］
SPI ○
SCOA ○
light ○
社会人基礎 ○

1 仕事算

これで解ける！

仕事算のポイントは
仕事全体の量を「1」と考えることと、仕事をする人が1日に、どれだけの仕事をできるのかを求めることです。

例題

ある仕事をAさんがすると15日かかる。また、同じ仕事をBさんがすると10日かかる。AさんとBさんが2人でこの仕事をすると、何日で仕事が終わるか。

解説

仕事全体の量を1とすると、Aさん、Bさんそれぞれが1日にできる仕事の量は、

Aさんが$\frac{1}{15}$・Bさんは$\frac{1}{10}$となります。

AさんとBさんが2人で仕事をすると、1日にできる仕事の量は、

$\frac{1}{15}+\frac{1}{10}=\frac{1}{6}$です。

1日にできる仕事の量が$\frac{1}{6}$なので、この仕事は6日で終えることができます。

答え：6日

ある仕事を終わらせるのにAさんが1人でやると10日間、Bさんが1人では6日間かかる。AさんとBさんが2人でこの仕事をすると、仕事を始めてから何日目で終わるか。

仕事全体の量を1とすると、Aさん、Bさんそれぞれが1日にできる仕事の量は、

Aさんが$\frac{1}{10}$・Bさんは$\frac{1}{6}$となるので、

AさんとBさんが2人で仕事をすると、1日にできる仕事の量は、

$\frac{1}{10}+\frac{1}{6}=\frac{4}{15}$です。

仕事全体の量が1なので、仕事が終わるのにかかる日数は

$\frac{4}{15}$(1日の仕事量)×□日＝1(仕事全体の量)より

$1\div\frac{4}{15}=\boxed{\frac{15}{4}}$日となります。

$\frac{15}{4}$日＝$3\frac{3}{4}$日より、この仕事が終わるのは4日目です。

※3日目に仕事を終えることはできません（4日目は早めに仕事が終わりますが…）。

答え：4日目

基本問題1

(1) ある仕事を終えるのに、Aは1日に3時間ずつ仕事をして6日間かかった。また、Bは1日に5時間ずつ仕事をして4日間かかった。この仕事を2人が協力して1日に4時間ずつすると、仕事を始めてから何日目に終えることができるか。

(2) ある水槽に水道管A・Bを使って水を入れる。水槽をいっぱいにするには、Aだけで水を入れると6時間かかり、Bだけを使って入れると4時間かかる。

水槽の大きさを1と考えてください。

① A・B両方を使って水を入れると、水槽をいっぱいにするのに何時間何分かかるか。

② Aを使って2時間水を入れた後、Bを使って水槽をいっぱいにするためには何時間何分かかるか。

A・Bそれぞれが、仕事を終えるのにかかった時間から、1時間あたりにする仕事の量を考えてください。

(1) A・B二人が1時間あたりにする仕事の量を求めます。

Aが仕事を終えるのに1日3時間で6日間かかったので

仕事を終えるのにかかった時間は3×6＝18時間　→　1時間に$\frac{1}{18}$

Bが仕事を終えるのに1日5時間で4日間かかったので

仕事を終えるのにかかった時間は5×4＝20時間　→　1時間に$\frac{1}{20}$

2人が協力すると1時間で$\frac{1}{18}+\frac{1}{20}=\frac{19}{180}$

1日でできる仕事の量は$\frac{19}{180}\times 4$時間$=\frac{19}{45}$

よって1(仕事全体)÷$\frac{19}{45}$(1日あたりの仕事量)＝$\frac{45}{19}$日

$\frac{45}{19}$日＝$2\frac{7}{19}$日

答え：3日目

(2)① 水槽の大きさを1とすると、1時間で入る水の量はAが$\frac{1}{6}$、Bは$\frac{1}{4}$

なのでA・B両方を使うと1時間で$\frac{1}{6}+\frac{1}{4}=\frac{5}{12}$が入ります。

$\frac{5}{12}$(1時間で入る量)×$\square$時間＝1(水槽全体の量)より

$1\div\frac{5}{12}=\frac{12}{5}$時間＝$2\frac{2}{5}$時間　　$\frac{2}{5}$時間は$\frac{2}{5}\times60=24$分なので

答え：2時間24分

(時間を分にするには60を掛けます　2時間＝2×60＝120分です)

② Aを2時間使うと$\frac{1}{6}\times2=\frac{1}{3}$入る　　水槽の残りは$1-\frac{1}{3}=\frac{2}{3}$

Bで水槽の残り$\frac{2}{3}$の水を入れるには$\frac{1}{4}\times\square$時間＝$\frac{2}{3}$より

$\frac{2}{3}\div\frac{1}{4}=\frac{8}{3}$時間

$\frac{8}{3}$時間＝$2\frac{2}{3}$時間　　$\frac{2}{3}$時間は$\frac{2}{3}\times60=40$分なので

答え：2時間40分

2 虫食い算

これで解ける！

計算の途中を求めていく問題です。複数の□に当てはまる数を求めるときはそれぞれの区別がつくように、A・B・Cやア・イ・ウなど文字を置くとよいでしょう。

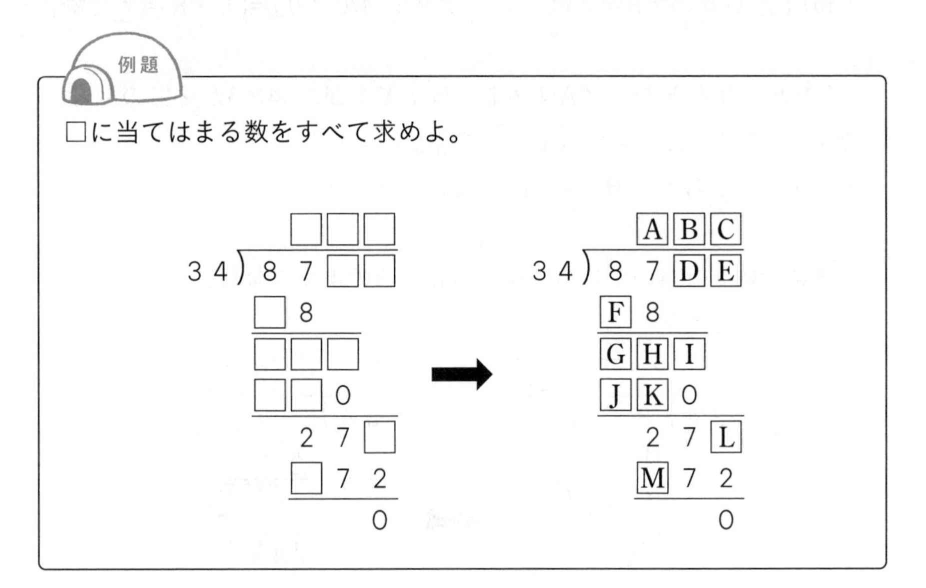

[考え方]

割り算は、計算の終わりから考えるとよいでしょう。

LやMなどは、単純な計算で求めることができます。

LがわかればEは、割り算の筆算の進め方から求めることができます。

また、Lの下は2なのでCがわかりますが、ここは試行錯誤が必要です。

L−2＝0よりL＝2です。　EがLに下りてくるのでE＝2です。
Lの下が2なのでCは3または8ですが、34×CがM72なので
C＝8　M＝2です。

I−0＝7よりI＝7です。　DがIに下りてくるのでD＝7です。

Iの下が0なのでB＝5です。　34×5＝170よりJ＝1・K＝7です。

Fのとなりが8なのでAは2または7ですが、34×Aが2桁の数なのでA＝2です　A＝2なのでF＝6です。
87−68より、G＝1、H＝9です。

求めた数を計算の中に当てはめると、次のようになります。

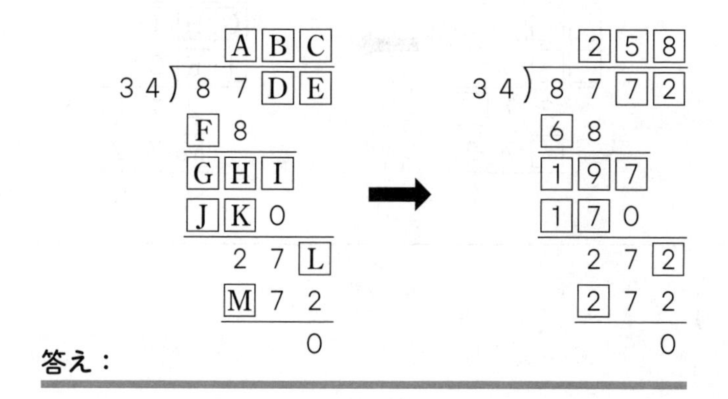

答え：

基本問題2

(1)　□に入るすべての数の積を求めなさい。

```
  □ 4 5 □
+ 6 9 □ 5
──────────
□ 0 □ 2 7
```

(2)　A〜Nに入る数の中で、最も多くある数の和を求めなさい。

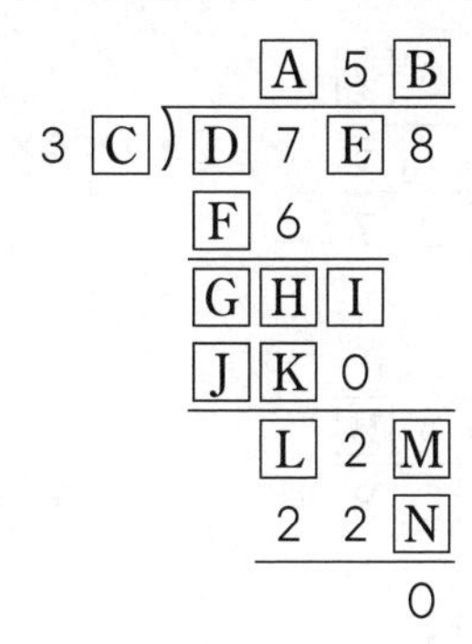

(3)　□に入るすべての数の積を求めなさい。

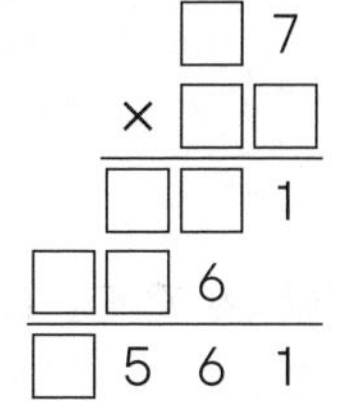

(4)　○に入る数はすべて同じで、□に入る数もすべて同じです。（○と□は異なります）

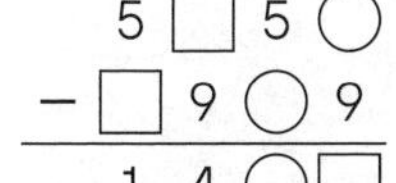

○と□に当てはまる数を求め$○^2+□^2$を計算しなさい。

(1)

$$\begin{array}{r} \square\ 4\ 5\ \square \\ +\ 6\ 9\ \square\ 5 \\ \hline \square\ 0\ \square\ 2\ 7 \end{array} \Rightarrow \begin{array}{r} \boxed{A}\ 4\ 5\ \boxed{B} \\ +\ 6\ 9\ \boxed{C}\ 5 \\ \hline \boxed{D}\ 0\ \boxed{E}\ 2\ 7 \end{array}$$

右から左へと埋めていきましょう。B=2　C=7　E=4　A=3　D=1です。

$$\begin{array}{r} \boxed{3}\ 4\ 5\ \boxed{2} \\ +\ 6\ 9\ \boxed{7}\ 5 \\ \hline \boxed{1}\ 0\ \boxed{4}\ 2\ 7 \end{array} \qquad 2\times7\times4\times3\times1=168$$

答え：168

(2)

$$\begin{array}{r} \boxed{A}\ 5\ \boxed{B} \\ 3\ \boxed{C}\ )\ \overline{\boxed{D}\ 7\ \boxed{E}\ 8} \\ \boxed{F}\ 6\ \\ \hline \boxed{G}\ \boxed{H}\ \boxed{I}\ \\ \boxed{J}\ \boxed{K}\ 0\ \\ \hline \boxed{L}\ 2\ \boxed{M} \\ 2\ 2\ \boxed{N} \\ \hline 0 \end{array} \Rightarrow \begin{array}{r} \boxed{2}\ 5\ \boxed{6} \\ 3\ \boxed{8}\ )\ \overline{\boxed{9}\ 7\ \boxed{2}\ 8} \\ \boxed{7}\ 6\ \\ \hline \boxed{2}\ \boxed{1}\ \boxed{2}\ \\ \boxed{1}\ \boxed{9}\ 0\ \\ \hline \boxed{2}\ 2\ \boxed{8} \\ 2\ 2\ \boxed{8} \\ \hline 0 \end{array}$$

M・Nは８です。Lは２です。

E・Iは２です。Hは１です。Kは９です。

Iの下が０なので
Cは２・４・６・８のいずれかですがKが９なので
Cは８です。Bは６です。Jは１です。Gは２です。

Aは２か７のいずれかですが
38×Aが二けたの数なのでAは２です。
Fは７です。Dは９です。

最も多い数は[2]で５回です。2+2+2+2+2=10

答え：10

⑶　C×7で一の位が１なので、Cは３です。
E+6が６なのでEは０です。
C×7=21の繰り上がった十の位の２と
C×Aの答えを足したときに、一の位(E)が０なので
Aは６です。

```
     [A] 7
  × [B][C]
  ---------
   [D][E] 1
[F][G] 6
  ---------
[H] 5  6  1
```

C×A=3×6=18で繰り上がった２を足すと20なので
Dは２です。

```
     [6] 7
  × [8][3]
  ---------
   [2][0] 1
[5][3] 6
  ---------
[5] 5  6  1
```

B×7の一の位が６なので、Bは８です。
8×67=536なのでFは５。Gは３。Hは５です。

掛け合わせる数の中に[0]があるので積は０です。

答え：0

⑷

```
   5 [A] 5 (B)
 - [C] 9 (D) 9
 --------------
     1  4 (E)[F]

   5 [3] 5 (2)
 - [3] 9 (2) 9
 --------------
     1  4 (2)[3]
```

千の位の引き算は、Cを引いて１になっていることから、Cは４か３であり、□は４か３となります。そのため、１の位のFも４か３なので、Bは３か２ということになります。もっとも、○が３のとき、十の位で5−3=3または繰り下がっても、4−3=3ということはありえないので、○は２、□は３だとわかります。
$○^2+□^2=2^2+3^2=4+9=13$

答え：13

3 約数の問題

これで解ける！

12の約数をすべてあげると1．2．3．4．6．12です。いずれも12を割り切ることのできる数です。1と12のように1とその数自身はすべての数の約数となります。（例）3の約数は1．3です。

「公約数」

18の約数　①.②.③.⑥. 9 . 18

24の約数　①.②.③. 4 .⑥. 8 . 12. 24

1・2・3・6は共通しています。これらを18と24の「公約数」といいます。

公約数のうち、いちばん大きい6を、18と24の「最大公約数」といいます。

「最大公約数」の求め方

18と24を同時に割れる数を見つけてください→ 2) 18 24

9と12を同時に割れる数を見つけてください→ 3) 9 12

同時に割れる数がなくなれば終了です→ 3 4

)＿＿＿の左にある数を掛け合わせてください。

2×3＝6(18と24の最大公約数)

18と24の公約数をすべて求める場合は、最大公約数である6の約数を求めます。

6の約数は、1．2．3．6で、これらが18と24の公約数です。

56と84の最大公約数を求めなさい。また、公約数をすべて求めなさい。

```
2 ) 56  84
2 ) 28  42
7 ) 14  21
     2   3
```

2×2×7＝28

答え：最大公約数　28

すべての公約数　1．2．4．7．14．28

たくまるポイント　三数の最大公約数

54. 48. 30の最大公約数を求めよ。

```
2 ) 54  48  30
3 ) 27  24  15
     9   8   5
```

2×3＝6

答え：6

このように、三数の最大公約数は、３つとも割り切れる数のみをかけます。３つ中２つが割れる場合は入りませんので注意してください。

基本問題3

(1) 縦12cm、横16cmの長方形の紙を、あまりが出ないようにできるだけ大きな同じ大きさの正方形に切り分ける。

① 正方形の1辺の長さは何cmか。
② 正方形は何枚できるか。

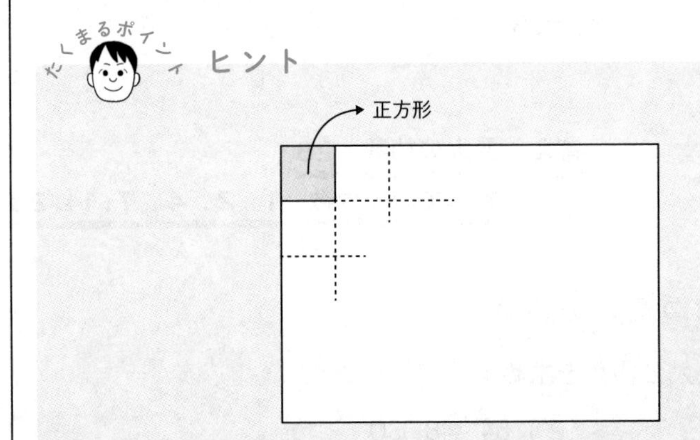

(2) 27個のリンゴと36個のカキをそれぞれ等分し、あまりが出ないようにできるだけ多くの子どもに分ける。

① 何人の子どもに分けることができるか。
② 1人の子どもがもらえるリンゴとカキの個数はそれぞれ何個か。

(1)①　正方形の一辺の長さは12と16の最大公約数です。

$$\begin{array}{r|rr} 2 & 12 & 16 \\ 2 & 6 & 8 \\ \hline & 3 & 4 \end{array}$$

2×2=4

答え：4 cm

②　12÷4=3より縦に3枚、
16÷4=4より横に4枚
3×4=12

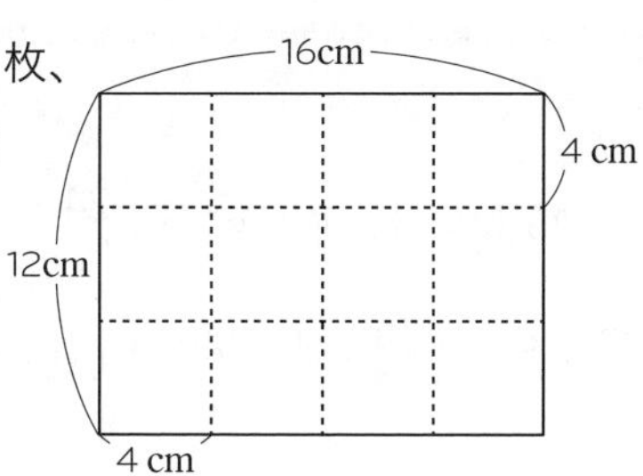

答え：12枚

(2)①　分けることのできる子どもの人数は27と36の最大公約数です。

$$\begin{array}{r|rr} 3 & 27 & 36 \\ 3 & 9 & 12 \\ \hline & 3 & 4 \end{array}$$

3×3=9

答え：9人

②　27個のリンゴを9人に分けるので　27÷9=3
36個のカキを9人に分けるので　36÷9=4

答え：リンゴ3個・カキ4個

4 倍数の問題

これで解ける！

３の倍数を、小さい方から順にあげていくと３．６．９．12．15．18 …となります。（ここでは０を含めないことにします）

３×1．３×２．３×３．３×４と計算して求められる数のことです。

「公倍数」

８の倍数　８．16．㉔．32．40．㊽…
12の倍数　12．㉔．36．㊽．60．72…

24・48は共通しています。これらを８と12の「公倍数」といいます。

公倍数のうち、いちばん小さい24を８と12の「最小公倍数」といいます。

「最小公倍数」の求め方

８と12を同時に割れる数を見つけてください→ 2) 8　12
４と６を同時に割れる数を見つけてください→ 2) 4　6
同時に割れる数がなくなれば終了です→ 2　3

)＿＿＿の左にある数と最後に残った数を掛け合わせてください。

2×2×2×3＝24(18と24の最小公倍数)

(最大公約数の求め方との違いを確認してください)

８と12の公倍数は、最小公倍数の倍数を求めていきます。
24の倍数は、24. 48. 72. 96…で、これらは８と12の公倍数です。

24と36の最小公倍数を求めなさい。また、公倍数を小さい方から４つ求めなさい。

```
2 ) 24  36
2 ) 12  18
3 )  6   9
     2   3
```

2×2×3×2×3＝72

答え：最小公倍数　72

公倍数４つ　72. 144. 216. 288

たくまるポイント　三数の最小公倍数

24. 36. 42の最小公倍数を求めよ。

24・36・42を同時に割れる数を見つけてください→ 2) 24　36　42

12・18・21を同時に割れる数を見つけてください→ 3) 12　18　21

３数のうち、２数が同時に割れれば続けます→ 2) ④　⑥　7

※約数とは異なるので注意して下さい　2　3　7

割れなかった７はそのままです

2×3×2×2×3×7＝504

答え：504

基本問題4

⑴　縦20cm、横30cmの長方形のカードを並べて、正方形を作る。

①　いちばん小さい正方形の1辺の長さは何cmか。

②　いちばん小さい正方形を作るのに何枚のカードが必要か。

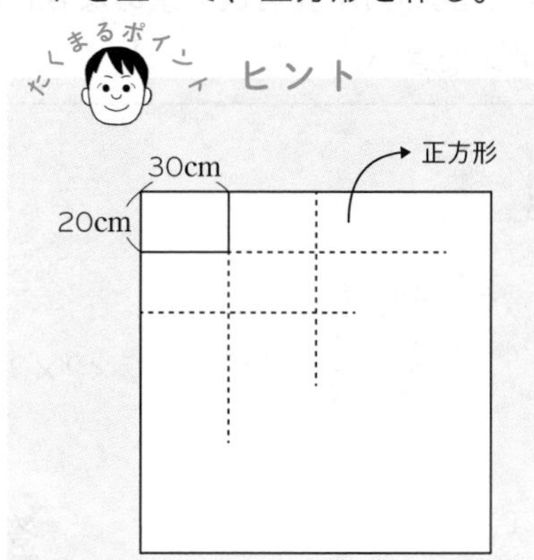

⑵　ある駅から、東高校行きのバスが12分おきに発車し、西高校行きのバスは18分おきに発車します。これについて次の問いに答えなさい。

①　AM9:00時に東高校行きと西高校行きのバスが同時に出発した。その次に同時に発車するのは午前何時何分か。

②　AM9:00からPM15:00までの間に、東高校行きと西高校行きが同時に出発するのは何回か。

解説

(1)①　20と30の最小公倍数を求めます。　**答え：60cm**

②　横に２枚、縦に３枚のカードを並べるので2×3＝6　**答え：6枚**

(2)①　12と18の最小公倍数は36なので36分おきに同時に出発します。
答え：9:36

②　AM9:00　AM9:36　AM10:12　AM10:48　AM11:24　PM12:00
PM12:36　PM13:12　PM13:48　PM14:24　PM15:00
答え：11回

（AM9:00からPM15:00は360分なので、360÷36＝10
36分の間隔が10個あるということなので、１回足して11回）
このように計算できますが書き出した方が、ミスが出にくいでしょう。

5 n進法

これで解ける！

n進法→10進法　10進法→n進法　この２つの表し方を覚える！

日常生活では、０～９の10種類の数字の組合せで数を表します。これを10進法といいます。n進法とは、例えば２進法であれば、０と１の２つのみの数字の組合せで数を表すことをいいます。

n進法を10進法で表す。７進法で表された136を10進法で表すといくつになるか。

解説

① 各位の間隔をあけて書きます。

1　　3　　6

② 間に「×7＋」をつけます。

1×7＋3×7＋6

③ 一番後ろの「7」を「7^1」とし、
上に上がるにつれて「7^2・7^3…」と数を増やします。

$1\times7^2+3\times7^1+6$

④ 計算します。

1×7×7＋3×7＋6＝76

したがって、７進法で表された136を10進法で表すと76となります。

答え：76

10進法をn進法で表す。10進法で71を4進法で表すといくつになるか。

① 71を4で割り、余りを出します。

② ①を割れなくなるまで繰り返します。

```
4 ) 71
4 ) 17  …3
4 )  4  …1
     1  …0
```

③ 下から右上に、余りの数字を並べたものが答えとなります。

1013が答えとなります。

答え：1013

n進法からn進法に直す場合。3 進法の12を 2 進法で表すといくつになるか。

解説

この場合は、1 度10進法で表してから 2 進法にします。

① 10進法で表します。

$$1\times3^{1}+2=5$$

② 2 進法で表します。

$$\begin{array}{r|l} 2 & 5 \\ \hline 2 & 2 \cdots 1 \\ \hline & 1 \cdots 0 \end{array}$$

101が答えとなります。

答え：101

基本問題5

次の数を10進法で表しなさい。

(1)　3進法の120

(2)　7進法の356

解説

(1)

①　各位の間隔をあけて書きます。

1　　2　　0

②　間に「×3+」をつけます。

$1\times3+2\times3+0$

③　一番後ろの「3」を「3^1」とし、
上に上がるにつれて「3^2・3^3…」と数を増やします。

$1\times3^2+2\times3^1+0$

④　計算します。

$1\times9+2\times3+0=15$

したがって、15が正解となります。

答え：15

(2)

(1)と同様に、

$3\times7^2+5\times7^1+6$

$3\times49+5\times7+6=188$

したがって、188が正解となります。

答え：188

基本問題6

次の10進法の数を指定された数値に変えなさい。

(1)　273を 9 進法で表しなさい。

(2)　512を 7 進法で表しなさい。

(1)

①　273を 9 で割り、余りを出します。

②　①を割れなくなるまで繰り返します。

```
9 ) 273
9 )  30  … 3
      3  … 3
```

③　下から右上に、余りの数字を並べたものが答えとなるので、333が正解となります。

答え：333

(2)

(1)と同様に、

```
7 ) 512
7 )  73  … 1
7 )  10  … 3
      1  … 3
```

下から右上に、余りの数字を並べたものが答えとなるので、1331が正解となります。

答え：1331

基本問題7

(1) 5進法の2314を7進法で表しなさい。

(2) 4進法の3301を6進法で表しなさい。

解説

1度10進法で表してから問われているn進法にします。

(1)

① 10進法で表します。

$$2\times5^3+3\times5^2+1\times5^1+4=334$$

② 7進法で表します。

```
7 ) 334
7 )  47  …5 ↑
      6  …5
```

したがって655が正解となります。　**答え：655**

(2)

① 10進法で表します。

$$3\times4^3+3\times4^2+0\times4^1+1=241$$

② 6進法に表します。

```
6 ) 241
6 )  40  …1 ↑
6 )   6  …4
      1  …0
```

したがって1041が正解となります。　**答え：1041**

06 場合の数

［頻出度］
SPI ◎
SCOA ○
light ○
社会人基礎 ◎

1 順列

これで解ける！

「順列」とは数字や人などの、並べ方に関する問題です。

「順列」には図(樹形図)を利用したり書き出したりして、何通りあるかを数える解き方と、計算による解き方があります。

実際には様々な条件のついた出題が多く、単純な計算では解けないケースの方が多くなっていますので注意が必要です。

[1][2][3][4]の数字が書かれた4枚のカードから2枚を選び2桁の整数を作る。何通り作ることができるか。

【樹形図を描いて解く方法】

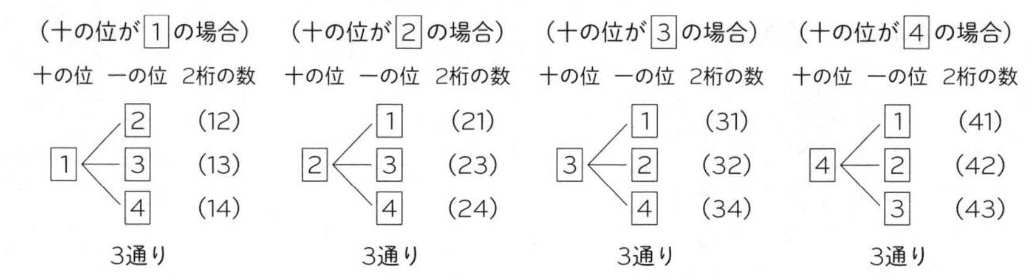

(11・22・33・44は作れないことに注意してください)

3通り×4＝12通り

答え：12通り

【計算で解く方法】

まず百の位を選ぶには4通りがあります。次に十の位になる数は3通りです。そこで4枚から2枚を取り出して並べる場合は4×3＝12通りとなります。

計算の仕方をまとめると次のようになります。

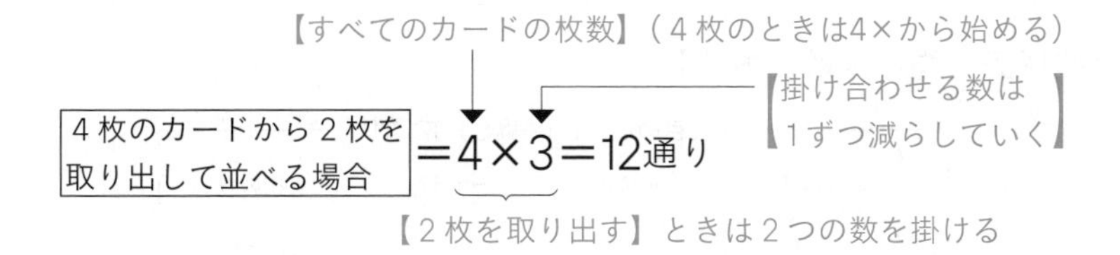

※6枚のカードから4枚を取り出して4桁の整数を作る場合なら

6 × 5 × 4 × 3 ＝ 360通り

（すべての枚数は6枚なので6×から始まります）
（4枚を取り出すので四つの数を掛け合わせます）
（掛け合わせる数は一つずつ減らしていきます）

答え：12通り

[1][2][3][4][5]の数字が書かれた５枚のカードから３枚を選び、３桁の整数を作る。何通り作れるか。

【樹形図を描いて解く方法】

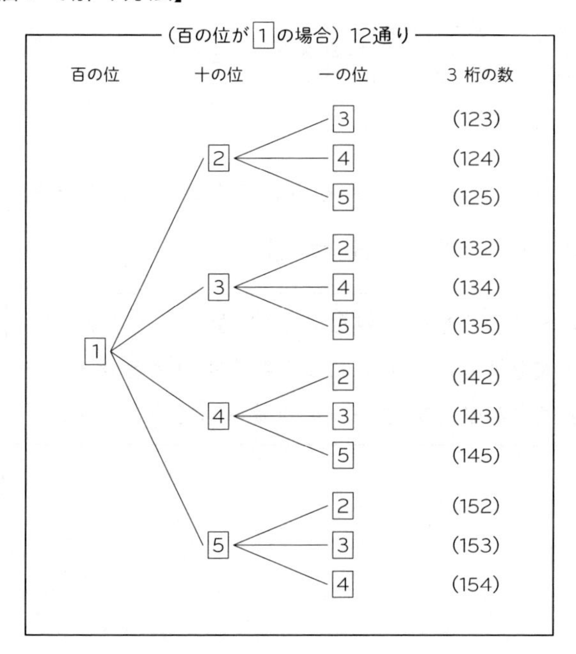

百の位が[1]の場合、上記の通り、12通りの数が作れます。百の位が[2]～[5]の場合もそれぞれ12通りがあると考えられるので　$12 \times 5 = 60$

答え：60通り

【計算で解く方法】

（式の作り方）

全部で５枚のカードがあるので5×から始まります。

３枚を選ぶので、三つの数を掛けます。

掛け合わせる三つの数は、１ずつ減らしていきます。

（式）　5 × 4 × 3 ＝ 60

答え：60通り

計算で解く方法の復習

※７枚のカードから５枚を選んで並べる場合、何通りがあるか。

（式）　7 × 6 × 5 × 4 × 3 ＝ 2520

答え：2520通り

基本問題1

⑴ A. B. C. Dの４人でリレーをする。走る順序は何通りあるか。

⑵ ０．１．２．３．４の５枚から３枚を選んで３桁の整数を作る。何通り作れるか。

０を百の位に置くことはできません。（例えば021は３桁の数と考えません）

⑶ 男子生徒２人と女子生徒３人が横１列に並ぶ。男子が両端に並ぶ並び方は何通りか。

㊚㊛㊛㊛㊚と並びます。女子三人の並び方と男子二人の並び方に分けて考えましょう。

(1)　4人中4人を並べる順列です。

$4\times3\times2\times1=24$

答え：24通り

(2)

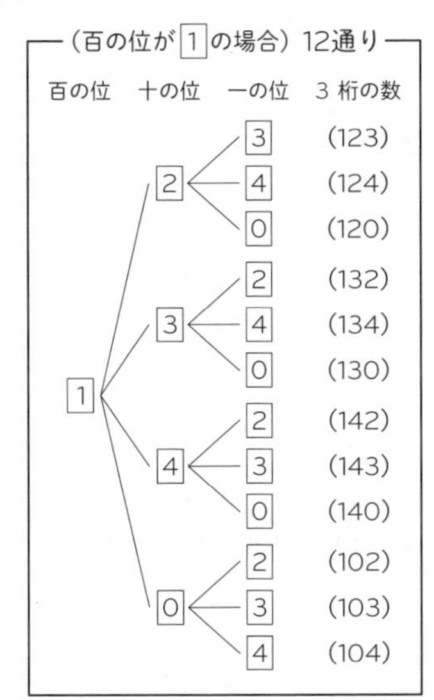

百の位が1の場合、12通りの数が作れます。

百の位が2〜4の場合も

それぞれ12通りがあると考えられるので

$12\times4=48$

答え：48通り

(3)　女子3人の並び方は$3\times2\times1=$ 6通り

男子2人の並び方は$2\times1=$ 2通り

女子3人の並び方6通りそれぞれに、男子2人の並び方の2通りが対応します。　$6\times2=12$

答え：12通り

2 組合せ

これで解ける！

［組合せ］とは、数字や人の選び方の問題です。まず、先に学んだ［順列］との違いを理解しておきましょう。
例えばABCDの４人から２人を選んで並べる場合はA・Bと並ぶ場合とB・Aと並ぶ場合は異なるものですから、これで２通りです。
この順列を計算すると4×３=12　12通りです

しかし、ABCDの４人から２人を選び出す組合せの場合、「AとBを選ぶ」というのと「BとAを選ぶ」というのは同じことを表すので１通りです。
上記の順列では２通りとしたものが、組合せでは１通りなので
４人から２人を選び出す組合せは　12÷2=6　6通りです

ポイント見出し

A・BとB・Aは別のものと考えるのが［順列］
A・BとB・Aは同じものと考えるのが［組合せ］

６人から３人を選ぶ組合せを求めよ。

組合せの求め方
４人から２人を選ぶ組合せの場合、４人から２人を選ぶ順列の12通りを、※重複する２通りで割って６通りとなります。
（※AB・BAは順列では２通り、組合せでは１通りと考えます）

このように、順列を重複する数で割ったものが組合せになります。

本文の場合、まず６人から３人を選ぶ順列を求めると6×5×4=120通りです。
この120通りの順列は、ABCの３人からできている
ABC・ACB・BAC・BCA・CAB・CBAの６通りを別のものとして120通りと数えています。しかし組合せでは、この６通りは同じものです。つまり６通りが重複するということです。
（この６通りは、ABC３人の順列　3×2×1=６通りです）

そこで６人から３人を選ぶ組合せは120÷6=20　　20通りとなります。

$$\boxed{\text{６人から３人を選ぶ組合せ}} = \frac{6\times5\times4\ (\text{６人から３人の順列})}{3\times2\times1\ (\text{３人の順列})}$$

$$=20\text{通り}$$

答え：20通り

実際に計算する場合は、分数を利用してください。

基本問題2

(1) A. B. C. D. E. F. G. Hの８枚のカードから、４枚のカードを選ぶときの選び方は全部で何通りか。

(2) 大小２つのサイコロをふったとき、出た目の積が奇数である目の出方は何通りか。

出た目の積が奇数となるのは、奇数×奇数のときです。

解説

(1) （８枚から４枚の順列）÷（４枚の順列）を計算します。

$\frac{\cancel{8}\times 7\times \overset{2}{\cancel{6}}\times 5}{\cancel{4}\times \cancel{3}\times \cancel{2}\times 1}=70$通り　　※分数で計算してください。

答え：70通り

⑵ 大　　小

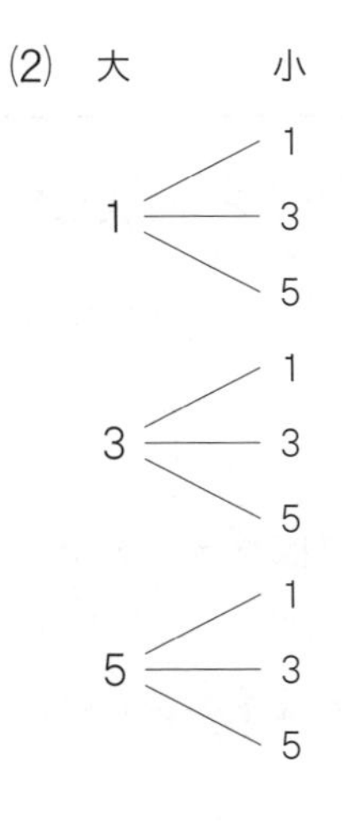

左図のように、大のサイコロの1．3．5に小のサイコロの1．3．5が対応します。
3×3=9

答え：9通り

☆この場合は

のような場合は異なっているので、区別されます。

基本問題3

(1) 男子3人、女子4人から2人の委員を選ぶ。少なくとも1人は男子を選ぶ選び方は何通りか。

少なくとも1人は男子を選ぶ→「2人とも女子ではダメ」ということです。
この「少なくとも…」のような出題パターンのことを余事象といいます。

(2) A. B. C. D. E. F. Gの7人が、3人部屋と4人部屋に分かれて泊まる方法は何通りか。

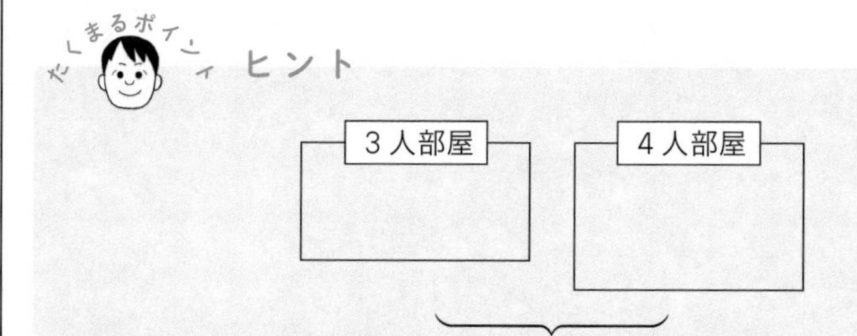

それぞれの部屋に泊まるメンバーを、別々に考える必要はありません。

(1)　男女合わせて7人から2人を選ぶ組合せをすべて求めます。

$\frac{7\times 6}{2\times 1}=21$　　21通り

この21通りには（男女）（男男）（女女）の組合せが含まれています。

2人とも女子になる組合せは

$\frac{4\times 3}{2\times 1}=6$　　6通り

2人とも女子の組合せは、「少なくとも1人は男子」という条件に合いません。

全部で21通りから、条件に合わない6通りを引いて21－6＝15

答え：15通り

(2)　7人の中から3人部屋に泊まるメンバーを決めてしまえば、自動的に4人部屋に泊まるメンバーが決定します。

「BCDは3人部屋に行ってください。残りの人は4人部屋です。」といった感じです。

7人から3人を選ぶ組合せは$\frac{7\times 6\times 5}{3\times 2\times 1}=35$

答え：35通り

3 確率

これで解ける！

基本の式は $確率 = \frac{指定された場合}{すべての場合}$ です。

このとき、確率の最大値は１（100％）です

１つのサイコロを投げるとき、３の倍数の目が出る確率を求めよ。

解説

１つのサイコロなので、すべての場合は１～６いずれかの６通り。
指定されているのは３の倍数ですから、３または６の２通り。
求める確率は$\frac{2}{6}=\frac{1}{3}$

答え：$\frac{1}{3}$

男子２人、女子３人の中から２人の委員を選ぶとき、２人とも女子になる確率を求めなさい。

解説

男女５人から２人を選ぶ組合せは$\frac{5\times4}{2\times1}=10$通り

（すべての場合です）

女子３人から２人を選ぶ組合せは$\frac{3\times2}{2\times1}=3$通り

（指定された場合です）

答え：$\frac{3}{10}$

確率を求めるには、先に学習した「順列」「組合せ」を使います。

大小2つのサイコロを投げ、出た目の和が6の倍数になる確率を求めよ。

この場合、6の倍数とは6か12です。

[出た目の和が6になる確率] 大＋小＝6は(1.5) (2.4) (3.3) (4.2) (5.1)の5通り
2つのサイコロを投げる場合のすべての場合は36通り(大×小＝6×6)なので$\frac{5}{36}$

[出た目の和が12になる場合] 大＋小＝12は (6.6) だけなので$\frac{1}{36}$

出た目の和が6または12の確率は、上で求めた二つの確率の和になります。

$\frac{5}{36}+\frac{1}{36}=\frac{6}{36}=\frac{1}{6}$

和の法則の問題(2つ以上の事柄のうち、どれか1つが起こる確率)

答え：$\frac{1}{6}$

ABの二人がじゃんけんをするとき、Aが２回続けて勝つ確率を求めよ。

解説

Aが１回目に勝つ確率は$\frac{1}{3}$

（勝ち・負け・あいこの３通りのうちの勝ちなので）

２回目に勝つ確率も$\frac{1}{3}$

勝ちが連続する確率は二つの確率の積です。 $\frac{1}{3}\times\frac{1}{3}=\frac{1}{9}$

積の法則の問題（２つ以上の事柄が連続して、または同時に起こる確率）

答え：$\frac{1}{9}$

白玉５個、赤玉４個が入った袋から３個の玉を取り出すとき、少なくとも１つは赤玉が入っている確率を求めよ。

解説

これを問題文通りに受け取ると、1つが赤の場合・２つ赤の場合・３つとも赤の場合というふうに考えていかなければなりません。
そこで、少なくとも1つは赤玉が入っているということは、「３つとも白玉ではダメだ」ということだと考えます。
このように考えると、1(確率の最大値)−（３つとも白玉の確率）を求めればよいわけです。

９個から３個を取り出す取り出し方は$\frac{9\times8\times7}{3\times2\times1}$＝84通り

３個とも白玉の取り出し方は$\frac{5\times4\times3}{3\times2\times1}$＝10通り

３個とも白玉が出る確率は$\frac{10}{84}=\frac{5}{42}$

少なくとも１つは赤玉が入っている確率は、1(確率の最大値)$-\frac{5}{42}=\frac{37}{42}$

答え：$\frac{37}{42}$

白玉３個と赤玉４個の入った袋から２個の玉を取り出すとき、２個とも赤の確率を求めよ。

解説

【同時に取り出す】と【1つずつ順番に取り出す】は同じです。

【同時に２個を取り出すと考えた場合】

７個から２個の玉を取り出す組合せは$\frac{7\times6}{2\times1}=21$通り

２個とも赤玉の組合せは$\frac{4\times3}{2\times1}=6$通り

求める確率は$\frac{6}{21}=\frac{2}{7}$

答え：$\frac{2}{7}$

【1つずつ順番に２個を取り出すと考えた場合】

最初の玉が赤の確率は$\frac{4}{7}$

次の玉も赤の確率は$\frac{3}{6}$（２個目を取り出すときに袋の中の玉は減っています）

赤が連続する確率は$\frac{4}{7}\times\frac{3}{6}=\frac{2}{7}$

答え：$\frac{2}{7}$

いずれの考え方でも、答えは$\frac{2}{7}$となります。

基本問題4

(1)　コインを３回投げるとき、３回連続して表が出る確率を求めなさい。

積の法則で考えてください。

(2)　1・2・3・4・5・6・7のカードから２枚のカードを引くとき、２枚とも奇数である確率を求めなさい。

２枚を同時に取り出す場合と
１枚ずつ順に取り出す場合は同じ確率になります。

(3)　大中小３つのサイコロを投げるとき、少なくとも1つは奇数の目が出る確率を求めなさい。

余事象の問題です。

解説

⑴　コインを投げたとき、表の出る確率は$\frac{1}{2}$です。それが３回続くわけですから

$\frac{1}{2}\times\frac{1}{2}\times\frac{1}{2}=\frac{1}{8}$

答え：$\frac{1}{8}$

⑵　７枚から２枚を取り出す組合せは$\frac{7\times6}{2\times1}=21$通り

奇数(奇数は４枚です)が２枚の組合せは$\frac{4\times3}{2\times1}=6$通り　$\frac{6}{21}=\frac{2}{7}$

または、(1回目に奇数)$\frac{4}{7}\times$(２回目も奇数)$\frac{3}{6}=\frac{2}{7}$

答え：$\frac{2}{7}$

⑶　3つのサイコロの目が、すべて偶数ではダメ。ということなので
1−(すべて偶数となる確率)です。

どのサイコロも偶数の目が出る確率は$\frac{1}{2}$なので、3つすべて偶数になる確率は

$\frac{1}{2}\times\frac{1}{2}\times\frac{1}{2}=\frac{1}{8}$

$1-\frac{1}{8}=\frac{7}{8}$

答え：$\frac{7}{8}$

01 論理・命題

［頻出度］
SPI ◎
SCOA ○
light ○
社会人基礎 ○

これで解ける！

論理式
⇒条件と結論を式にする
三段論法
⇒条件と結論（頭とおしり）が同じ２つの文は１つにつなげることができる
対偶
⇒条件と結論（頭とおしり）、を逆にし、肯定文↔否定文も逆にすること

例題

次の文を論理式で表せ。「りんごは果物である。」

解説

この一文を論理式にすると、

「り→果物」となります。

答え：り→果物

※「果物→り」とはならないので注意！
→果物はりんご以外にもあります。

次の文を論理式で表せ。　「まんじゅうは果物ではない。」

解説

式にすると、

「まん→$\overline{\text{果物}}$」　となります。

このように上に線を引くと、否定文を表します。

答え：まん→$\overline{\text{果物}}$

次の2つの文を1つの文で表せ。「りんごは果物である。」「果物は体に良い。」

解説

式にすると、

「り→果物」

「果物→体良」

となります。果物が同じなのでつなげると、

「り→果物→体良」　となります。

「りんごは果物で、体に良い。」ここから、

「りんごは体に良い。」となります。

答え：りんごは体に良い。

次の命題が正しいときの対偶を求めよ。　「りんごは果物である。」

解説

「り→果物」

このとき、条件と結論(頭とおしり)を逆にし、肯定文↔否定文も逆にすることを対偶といいます。
式は、「$\overline{\text{果物}}$→$\overline{\text{り}}$」　となります。
つまり、「果物でないならばりんごではない」となります。

答え：果物でないならばりんごではない。

⇒「りんごは果物である」の一文から
「果物でないならばりんごではない」
が導かれます。

次の２つの命題が正しいとき、これを１つの文で表せ。
「車は速い。」「三輪車は速くない。」

解説

それぞれの文を式にすると、

①　「車→速い」
②　「三輪車→$\overline{\text{速い}}$」
②の対偶をとると、
②′　「速い→$\overline{\text{三輪車}}$」
速いが同じなので、つなげると、

「車→ $\boxed{\text{速い}}$ →$\overline{\text{三輪車}}$」

ここから、「車は三輪車ではない」との結論が導かれます。

答え：車は三輪車ではない。

基本問題1

「野球は楽しい」の命題が正しいとしたとき、以下のうち必ず正しいといえるのはどれか。

1. 楽しいから野球である。
2. 楽しいのは野球である。
3. 野球でなければ楽しくない。
4. 楽しくなければ野球ではない。
5. 楽しいから野球ではない。

「野球は楽しい」を論理式にすると、

野球→楽しい
対偶：$\overline{\text{楽しい}}$→$\overline{\text{野球}}$

よって、「楽しくなければ野球ではない」となります。
したがって、4が正答となります。

答え：4

基本問題2

以下のア～ウの命題がすべて正しいとき、A～Cのうちから正しいものをすべて選んだ組合せを1～5のうちから選べ。

ア　受験勉強は大変だ。
イ　受験生はたくさん勉強している。
ウ　価値がないものは大変ではない。

A. 受験生は価値がない。
B. 受験勉強には価値がある。
C. あまり勉強していなければ受験生ではない。

1. A
2. B
3. C
4. A、B
5. B、C

論理式にすると、

ア	受験勉強→大変	対偶	ア′	$\overline{\text{大変}}$→$\overline{\text{受験勉強}}$
イ	受験生→勉強		イ′	$\overline{\text{勉強}}$→$\overline{\text{受験生}}$
ウ	$\overline{\text{価値}}$→$\overline{\text{大変}}$		ウ′	大変→価値

ここからA〜Cの検討をしていきます。

A　上記の論理式をつなげても、「受験生は価値がない。」は導かれないので、誤りです。

B　ア、ウ′の論理式をつなげると、受験勉強→大変→価値となり、「受験勉強には価値がある。」といえるため正しいです。

C　論理式イ′より、「あまり勉強していなければ受験生ではない。」となるため正しいです。

以上より、BとCが正しいので5が正答となります。

答え：5

基本問題3

ある集団にアンケートを取ったところ、次のようなことがわかった。

ア　山が好きな人は虫が好きである。
イ　川が嫌いな人は、クマが嫌いである。
ウ　猫か犬が好きな人は、虫が嫌いである。
エ　山が嫌いな人は、川が好きである。

このとき、確実にいえるものは以下のうちどれか。

1. 猫が好きな人は、クマが好きである。
2. 犬が好きな人は、クマが好きである。
3. 猫が嫌いで、犬が好きな人は、川が嫌いである。
4. 猫か犬のどちらかが好きな人は、山が嫌いである。
5. 猫が嫌いでクマが好きな人は、川が嫌いである。

ア	山→虫	対偶	ア′	$\overline{\text{虫}}\rightarrow\overline{\text{山}}$
イ	$\overline{\text{川}}\rightarrow\overline{\text{クマ}}$		イ′	クマ→川
ウ	猫か犬→$\overline{\text{虫}}$		ウ′	虫→$\overline{\text{猫と犬}}$
エ	$\overline{\text{山}}$→川		エ′	$\overline{\text{川}}$→山

ここから1～5を検討していきます。

1. 上記の論理式をつなげても「猫が好きな人は、クマが好きである。」とはならないため誤りです。
2. 上記の論理式をつなげても「犬が好きな人は、クマが好きである。」とはならないため誤りです。
3. 「猫か犬が好き。」の対偶は「猫と犬が嫌い。」となるため、「猫が嫌いで、犬が好き」ということは上記の論理式にはない。よって確実にはいえません。
4. 論理式ウとア′をつなげると、猫か犬→$\overline{\text{虫}}\rightarrow\overline{\text{山}}$となり、 正しいです。
5. 論理式イ′より「クマが好きな人は、川が好きである。」 となるので誤りです。

ここから、「猫か犬のどちらかが好きな人は、山が嫌いである。」となるので正答は4となります。

答え：4

02 集合の要素・ベン図

［頻出度］
SPI ◎
SCOA ○
light ○
社会人基礎 ○

これで解ける！

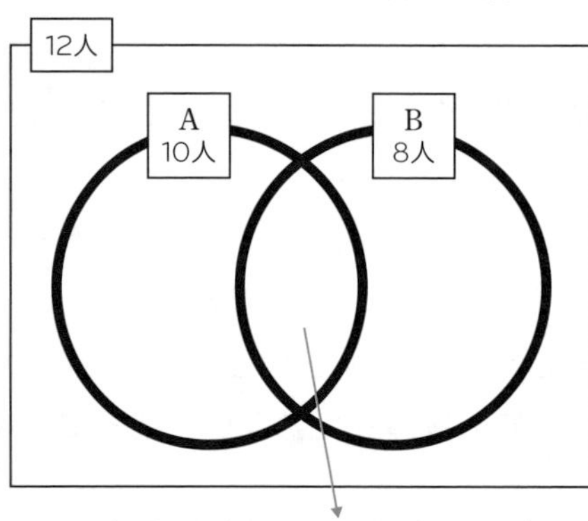

ベン図を使った問題では、共通部分の求め方がポイントになります。
左の図の場合、Aに属する10人とBに属する８人の合計から、全体の人数である12人を引くとAとBの共通部分の（AB両方に属している）人数を求めることができます。10＋8－12＝6より共通部分の人数は６人です。

100人に東京・北海道・沖縄に行ったことがあるかについてアンケートを取った。
東京に行ったことがある人数が70人、沖縄に行ったことがある人数が60人、北海道に行ったことがある人数が50人、東京と沖縄に行ったことがある人数が40人、東京には行ったことがあるが、北海道、沖縄に行ったことがない人が10人、いずれも行ったことがない人が５人のとき、北海道に行ったことがあるが、東京、沖縄に行ったことのない人は何人か。

ベン図で表すと、以下の通りとなります。

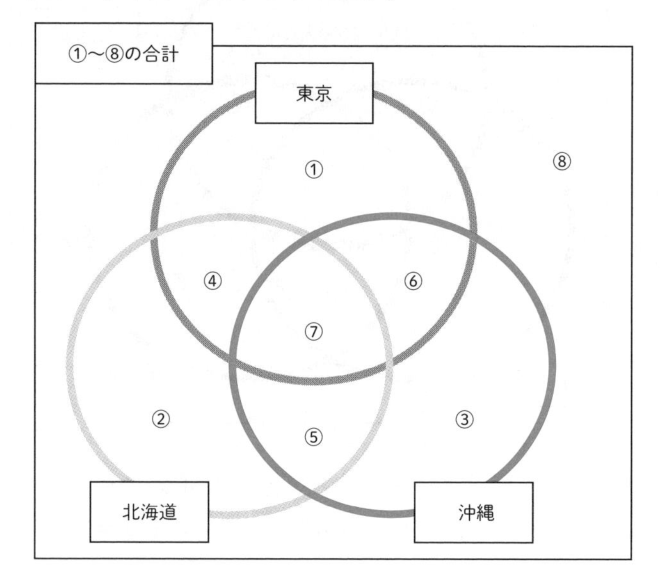

※全員が①〜⑧のどこかに必ず入ります。

→①〜⑧の合計が全員の人数となります。

東京に行ったことがある人数：①＋④＋⑥＋⑦＝70人

沖縄に行ったことがある人数：③＋⑤＋⑥＋⑦＝60人

北海道に行ったことがある人数：②＋④＋⑤＋⑦＝50人

東京と沖縄に行ったことがある人数：⑥＋⑦＝40人

東京には行ったことがあるが、北海道、沖縄に行ったことがない人：①＝10人

いずれも行ったことがない人：⑧＝５人

以上をベン図に記入すると、

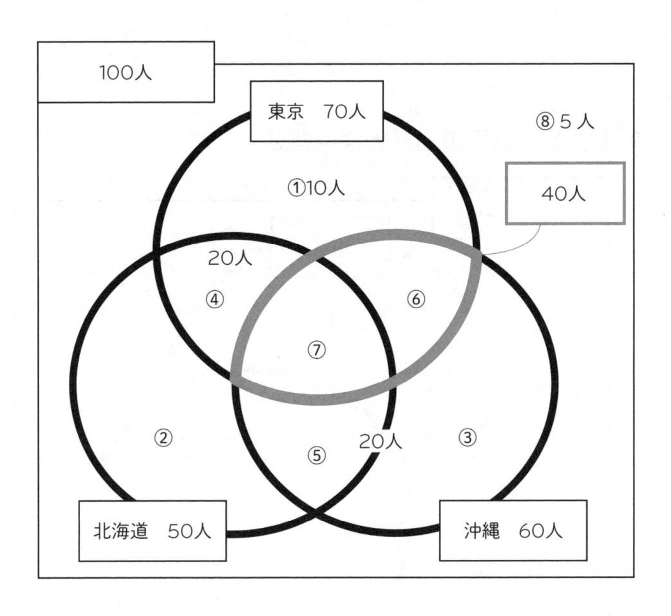

①＋④＋⑥＋⑦＝70人で①＝10人・⑥＋⑦＝40人より　④＝20人
③＋⑤＋⑥＋⑦＝60人で⑥＋⑦＝40人より　③＋⑤＝20人

　①＋④＋$\underline{③＋⑤}$＋$\underline{⑥＋⑦}$＋⑧
＝10＋20＋$\underline{20}$＋$\underline{40}$＋5
＝95人より　②＝5人

答え：5人

基本問題1

40人のクラスで、通学にバスを利用する生徒は10人、電車を利用する生徒は30人、バスも電車も利用しない生徒が５人いる。このとき電車のみを利用している生徒は何人いるか。

1. ５人
2. 10人
3. 15人
4. 20人
5. 25人

問題文からわかる数字をベン図に入れると、以下の通りとなります。

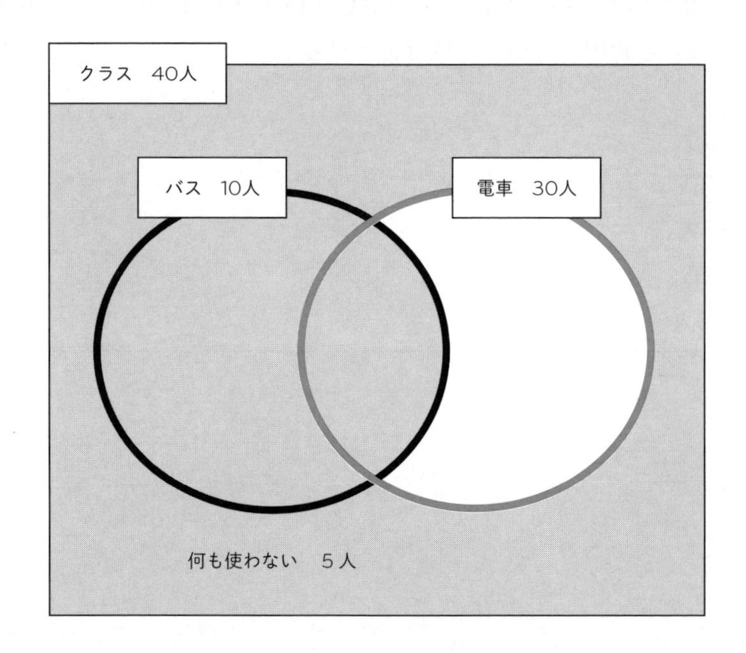

グレーに塗られていない部分が電車のみを利用した人数なので、
クラス全体ー何も使わないーバスを利用＝電車のみを利用　より
40－5－10＝25

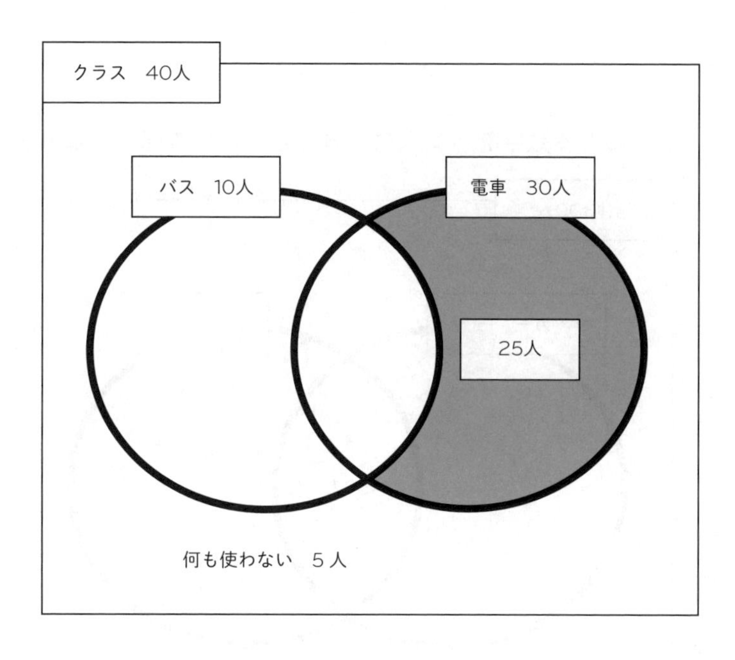

よって電車のみを利用する生徒は25人であり、正答は5です。

答え：5

基本問題2

週末に行ったスポーツについて300人にアンケートを取った。以下のことがわかっているとき、週末何もスポーツをしなかった人は何人か。

・サッカーをした、野球をした人はそれぞれ150人である。
・サッカーをした人の1/3が野球もした。

1. 0名
2. 10名
3. 50名
4. 100名
5. 150名

問題文からわかる数字をベン図に入れると、以下の通りとなります。

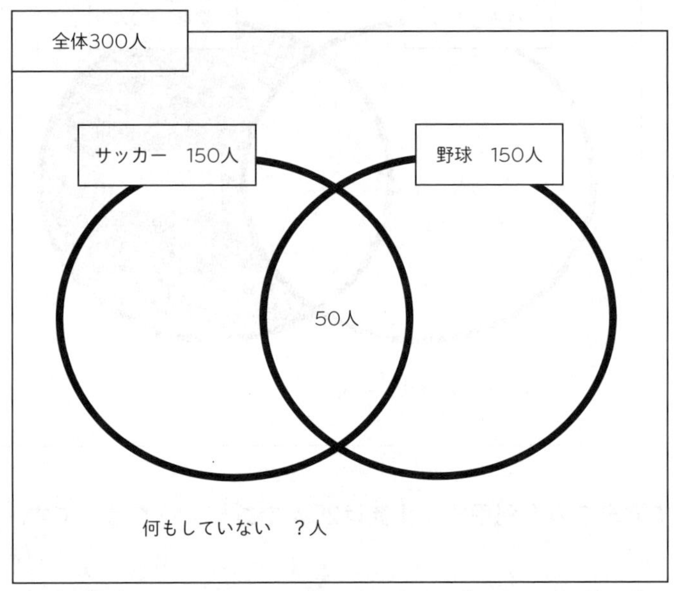

サッカーをやった人は、150人でそのうちの1／3の50人が野球もやっていたので、サッカーのみをやっていた生徒は100人、野球のみをやった生徒も同様に100人ということになります。

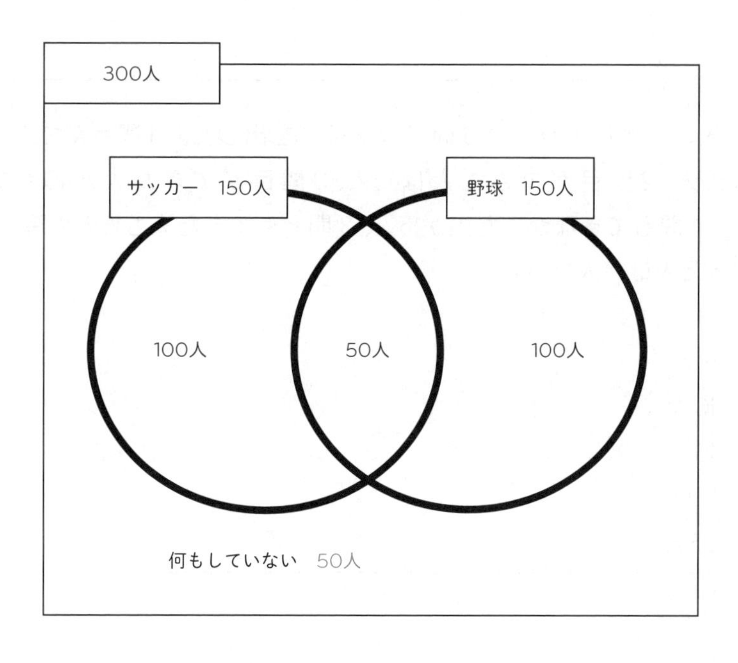

何もやっていなかった生徒は、全体から、サッカーのみをやった生徒数、サッカーと野球をやった生徒数、野球のみをやった生徒数を引けば求まるので、

300－100－50－100＝50

よって正答は3です。

答え：3

基本問題3

110人の学生にそれぞれ3問ずつクイズを出した。1問目ができた人は50人、2問目ができた人は45人、3問目ができた人が40人だった。1問もできなかった人が15人、3問ともできた人も15人の時、2問できた人は何人いるか。

1. 5人
2. 10人
3. 15人
4. 20人
5. 25人

解説

1問目と2問目ができた人の数をX人、2問目と3問目ができた人の数をY人、1問目と3問目ができた人の数をZ人とし、問題文からわかる数字をベン図に入れると、以下の通りとなります。

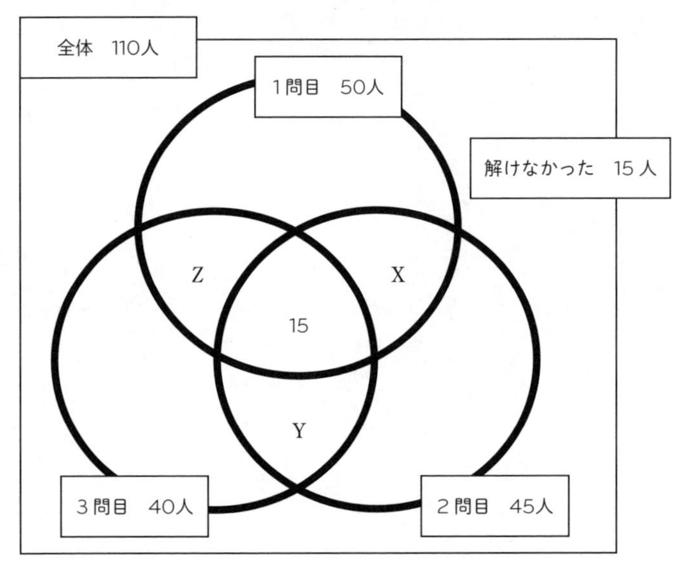

求めたいのはX+Y+Zです。

1問もできなかった人は15人なので、95人は最低1問はできたことがわかります。

各問題を解けた人の和は50+45+40=135となります。

この135人の中には2問できたX+Y+Zが2回、3問できた人数が3回計上されているので、それぞれ1回ずつになるように引きます。

135−(X+Y+Z)−(15×2)=95

X+Y+Z=10

よって正答は2です。

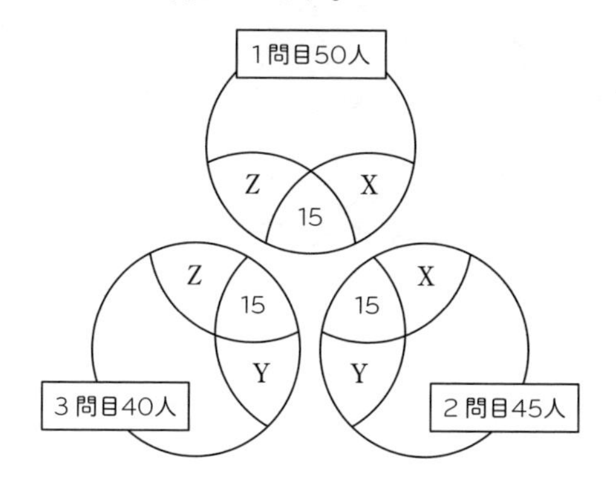

図より、XYZがそれぞれ2回15が3回あることがわかります。

答え：2

03 位置関係

［頻出度］
SPI ○
SCOA ○
light ○
社会人基礎 ○

これで解ける！

円卓の問題。丸テーブルを囲んで、6人が座っている。
この場合、下記のような図を描いて考えます。

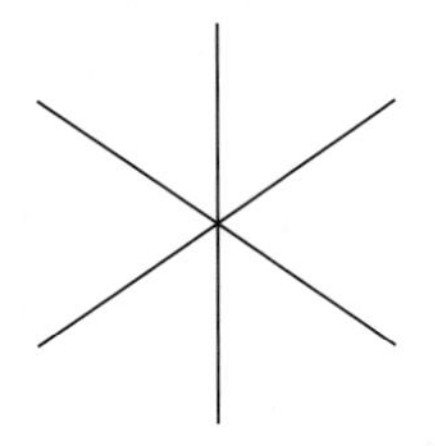

同様に、8人の場合には8本の線を描いて考えます。

条件1：AとEは向かい合わせである。
条件2：Aの隣はBである。
条件3：Bの隣はDではない。
この場合、

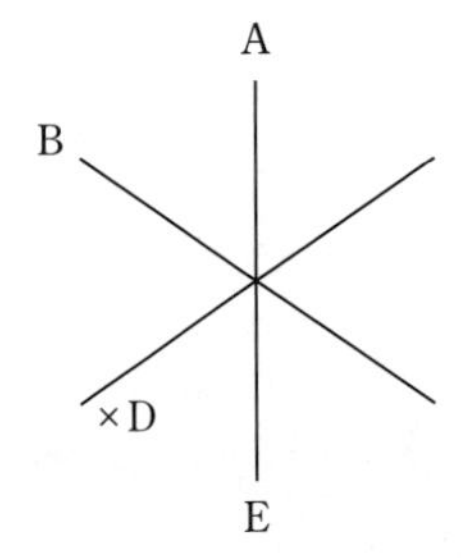

または

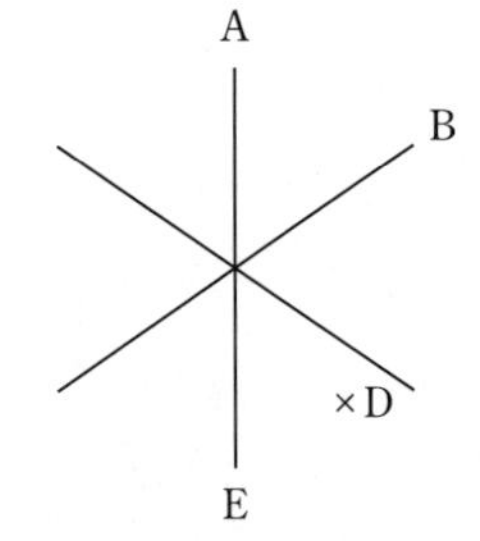

このように、図に人物を入れて検討していきましょう。

❶ 登場回数の多い人物から検討します。

❷ ある程度決め打ちをして条件を入れる。ダメならやり直します。

❸ 他のパターンがないかの確認を忘れないようにしましょう。

図のような２階建て６室のマンションに、A〜Eの５人が１室につき１人ずつ住んでいる。

２階	201	202	203
１階	101	102	103

次のア〜ウのことがわかっているとき、確実にいえることとして、最も妥当なのはどれか。

ア　Eの下は空室である。
イ　BはAのななめ下の部屋に住んでいる。
ウ　DはBのとなりに住んでいる。

1　Aの斜め下の部屋はDである。
2　Dのとなりの部屋はCである。
3　Eのとなりの部屋はBである。
4　CはBの上の部屋に住んでいる。
5　BはAの下の部屋に住んでいる。

アより

E
空室

イより

A	
	B

または

	A
B	

アとイを組み合わせると

E	A	
空室		B

	A	E
B		空室

E		A
空室	B	

A		E
	B	空室

ここにウを当てはめると

E	A	
空室	D	B

	A	E
B	D	空室

E		A
空室	B	D

A		E
D	B	空室

よってCはBの上に住んでいることになります。

答え：4

基本問題1

AからHの8人が、8人掛けの円形テーブルの周りに、テーブルに向かって等間隔に座っている。さらに次のア〜ウのことがわかっているとき、確実にいえることとして、最も妥当なのはどれか。

ア：Fの真向かいにはGが座っている。
イ：Gの隣にはCが座っており、Eは座っていない。
ウ：Hの両隣にはAとEが座っている。

1　Aの真向かいにはBが座っている。
2　Bの真向かいにはEが座っている。
3　Dの真向かいにはEが座っている。
4　Eの真向かいにはCが座っている。
5　Hの真向かいにはDが座っている。

まず、条件ア・イより、次の２通りが考えられます。

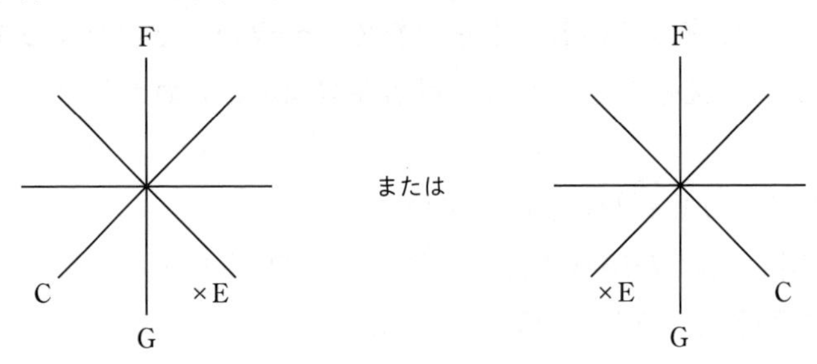

次に、条件ウより、A・H・Eが３人並んでいることがわかります。そのうえで、Gの隣にEがこないようにすると、以下の通りとなります。

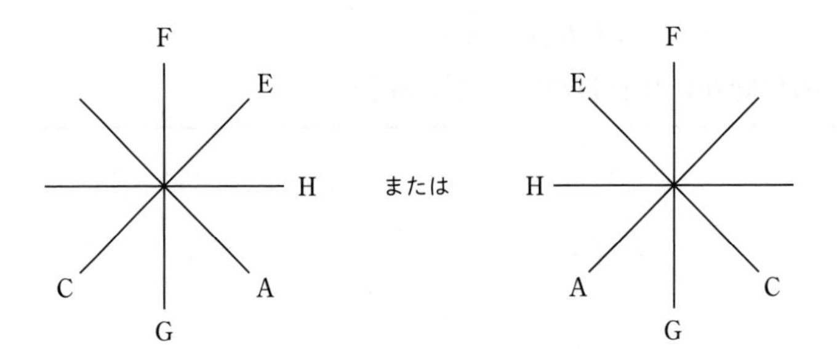

どちらのパターンであっても、Eの真向かいにCが座っているので、４が正答となります。

答え：4

基本問題2

次の図のような①～⑨のロッカーを、A～Hの８人が１人１つずつ利用している。次のア～エのことがわかっているとき、確実にいえるのはどれか。

ア　Aが利用しているロッカーのすぐ下は空きロッカーで、その隣はDが利用している。
イ　Bは端のロッカーを利用しており、その隣はGが利用している。
ウ　Cが利用しているロッカーのすぐ上は、Eが利用している。
エ　Fが利用しているロッカーの隣は、Dが利用している。

①	②	③
④	⑤	⑥
⑦	⑧	⑨

1　Aは、④のロッカーを利用している。
2　Cは、⑥のロッカーを利用している。
3　Eは、①のロッカーを利用している。
4　Fは、⑦のロッカーを利用している。
5　Hは、⑤のロッカーを利用している。

各条件より、ブロックを作ると、以下の通りとなります。

条件ア・エ

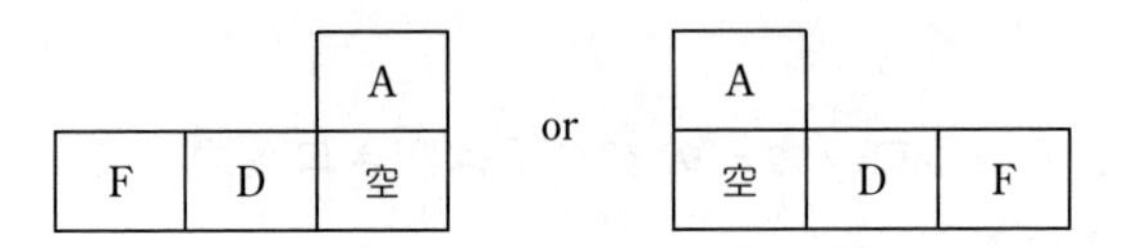

条件イ

B	G

or

G	B

条件ウ

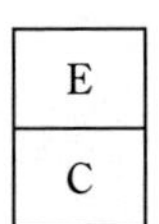

これらのブロックをBが端になるようにしたうえで、9マスに整理すると、以下の通りとなります。

E	G	B
C	H	A
F	D	空

or

B	G	E
A	H	C
空	D	F

よって、いずれのパターンにおいても、Hは⑤のロッカーを利用しており、5が正答となります。

答え：5

04 順序関係

［頻出度］
SPI ○
SCOA ○
light ○
社会人基礎 ○

これで解ける！

順序の問題⇒条件を整理し、図式化していく。

A～Eの５人がいる。ア～エのことから判断できることとして、最も妥当なのはどれか。

ア　AはBより年上である。
イ　AとCは同じ年齢である
ウ　BはEより年上である。
エ　CとDは同じ年齢である。

1. BはCより年上である。
2. BはDより年上である。
3. BはAより年下だが、Eより年上である。
4. EはCより年上である。
5. AはDより年上である。

解説

条件イ・エより、

A=C=D

条件ア・ウより、

㊤ A−B−E ㊦

これらの条件を整理すると、以下の通りとなります。

㊤ A・C・D−B−E ㊦

よって、BはAより年下だが、Eより年上であり、3が正答となります。

答え：3

基本問題1

A〜Eの5人が参加するレース大会の結果について以下のことがわかっている。

ア．昨年Bは4位だった。
イ．Aは昨年と比較して、順位が3つ下がった。
ウ．今年も昨年もDの順位はEの1つ下だった。
エ．昨年と今年では全員が違う順位となった。

この場合、昨年のEは何位だったか。

1. 1位
2. 2位
3. 3位
4. 4位
5. 5位

条件アより、昨年のBの順位は４位です。
条件イより、Aは昨年と比較して、順位が３つ下がったので、Aの順位は昨年１位、今年４位または昨年２位、今年５位の２パターンが考えられます。

ここまでの条件を表にすると次の通りとなります。

パターン１：　Aが昨年１位、今年４位

	1	2	3	4	5
昨年	A			B	
今年				A	

パターン２：　Aが昨年２位、今年５位

	1	2	3	4	5
昨年		A		B	
今年					A

条件ウより、昨年も今年もDはEの１つ下ですが、パターン２の場合、昨年を見るとDとEが連続して入ることはできません。したがって、パターン１であり、昨年はEが２位、Dが３位であるとわかります。
また条件エより、EとDの順位は昨年と異なるため、Eが１位、Dが２位となります。

	1	2	3	4	5
昨年	A	E	D	B	
今年	E	D		A	

昨年の５位は残ったCであり、条件エより、今年のCは５位ではないことから、今年のCは３位であり、５位はBとなります。

	1	2	3	4	5
昨年	A	E	D	B	C
今年	E	D	C	A	B

以上より、Eの昨年の順位は2位なので、2が正答です。

答え：2

基本問題2

A～Fの６人の年齢について以下のことがわかっている。

ア．CはAより年上である。
イ．CはDより年下である。
ウ．EはFより年上である。
エ．BはCより年上である。

年齢の高い順から並べたときの４番目が確実に決まるには、追加の条件として次のうちどれが必要か。

1. EはAより年下である。
2. BはFより年下である。
3. BはDより年上である。
4. CはEより年上である。
5. DはFより年下である。

解説

条件ア、イ、エより、

㊤　D−C−A　㊦
　　B／

とわかります。

条件ウより、

㊤　E−F　㊦

これらに加えて選択肢の条件を追加するため、各選択肢を図にすると、以下のようになります。

選択肢１　㊤　A−E　㊦
選択肢２　㊤　F−B　㊦
選択肢３　㊤　B−D　㊦
選択肢４　㊤　C−E　㊦
選択肢５　㊤　F−D　㊦

そのうえで、各選択肢を当てはめて、４番目が確実に決まるか検討します。

・選択肢１
BがDより年上である場合、条件ア〜エと合わせると、
　㊤　B−D−C−A−E−F　㊦　となり上から４番目はAです。
DがBより年上である場合、条件ア〜エと合わせると、
　㊤　D−B−C−A−E−F　㊦　となり上から４番目はAです。
いずれのパターンにおいても、上から４番目はAとなり、正解は１となります。

・選択肢２
BがDより年上である場合、DとFの大小関係がE−F−B−D−C−Aで「D」。
DがBより年上である場合は、BとDの大小関係が確定しないが4番目は「B」。
したがって、誤りです。

・選択肢３
BがDより年上であることが確定するが、E―Fの位置が判明しないため、誤りです。

・選択肢４
AとEの位置が判明しないため、４番目はAまたはEとなり、誤りです。

・選択肢５　　上から４番目はDまたはBとなり、４番目が確実に決まるとはいえないため、誤りです。

したがって、正解は1です。

答え：1

基本問題3

A〜Eの５人が、X地点からY地点の間で折り返し地点のあるマラソンを行ったところ、以下のことがわかった。

ア　Aは最後にDとすれ違った。
イ　Bは最初にEとすれ違った。
ウ　Dは最後にAとすれ違った。
エ　Eは最初にBとすれ違った。

同じ順位でゴールした人はおらず、スタート直後から順位が変わることなくゴールした。
このとき確実にいえるのは次のうちどれか。

1　Aは４位である。
2　Bは１位である。
3　Cは３位である。
4　Dは５位である。
5　Eは１位である。

すれ違うというのは、自分が往路(折り返す前)のときに復路(折り返した後)の人と出会うか、
反対に、自分が復路(折り返し後)のときに往路(折り返す前)の人と出会うことをいいます。
折り返しマラソンなので、必ず全員と一度すれ違うことになります。

その上で、各条件を検討していきます。
条件アでは、Aが最後にすれ違ったのがDとなっています。Aが最下位の5位の場合、最後にすれ違うというのは、4位です。そのため、この場合Dは4位となります。

また、Aが１～４位の場合、最後にすれ違ったDは最下位ということになるので、Dは５位です。
ここから、Dは４位または５位であることがわかります。
同様に、条件ウより、Aは４位または５位であることがわかります。

条件イでは、Bが最初にすれ違ったのがEとなっています。Bが１位の場合、最初にすれ違うというのは、折り返し後に最初に出会う２位です。そのため、この場合Eは２位となります。
また、Bが２～５位の場合、最初にすれ違ったEは最初に折り返した者となるので、Eは１位です。
ここから、Eは１位または２位であることがわかります。
同様に、条件エより、Bは１位または２位であることがわかります。

ここから、1位・２位はB・Eのいずれかであり、４位・５位はA・Dのいずれかとなります。そのため、Cの順位は３位であることが確定します。

したがって、正解は３です。

答え：3

05 勝敗関係

［頻出度］
SPI ○
SCOA ○
light ○
社会人基礎 ○

これで解ける！

・トーナメント戦の試合数
トーナメント戦の場合、負けたらそこで終了となり、優勝チーム以外は敗退する。そのため
試合数＝参加数－1 となる。
リーグ戦の試合数は、チーム数×（チーム数－1）×1/2
で求めることができます。

A～Dの４人が出場した剣道の大会において、AはBに勝ち、Cに負けた。このときの優勝者は？

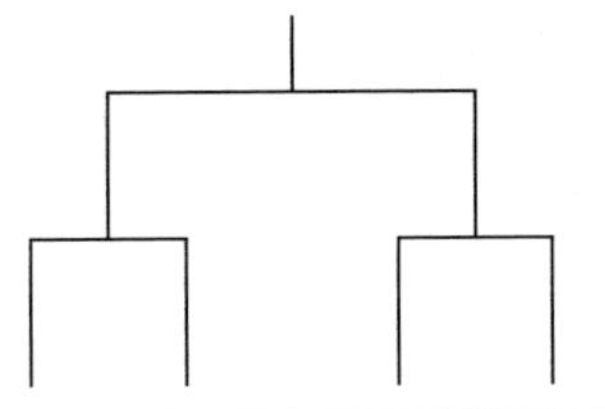

AはBに勝ち、Cに負けたとあることから、Aは２回試合をしていることがわかります。
トーナメント戦は負けたら終了なので、Aは1回戦に勝ち、決勝でCに負けたことがわかります。
よって、優勝はCだとわかります。

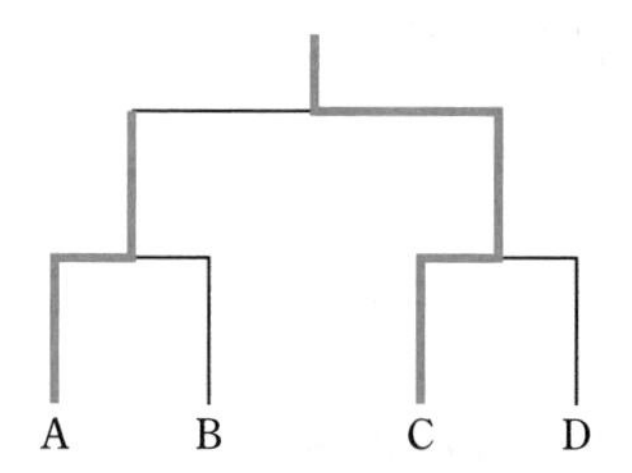

答え：C

決め打ちで条件をトーナメント表に入れてみる！
→それでダメならやり直すといった手順でやってみます。

これで解ける！

・総当たり戦の勝敗

A～Dの 4 人による総当たり戦での剣道の大会が行われた。

・AはBに勝った。

表は横に見る。AがBに勝ったのでA対Bのところに○を入れます。

勝ち：○　負け×　引き分け：△

	A	B	C	D	勝　敗　分
A	－	○			
B		－			
C			－		
D				－	

同時に、Bからすると、Aに負けたことになるので、B対Aのところに×が入ります。

→このように、対戦相手の結果は、忘れないように必ず直後に入れます！

	A	B	C	D	勝　敗　分
A	－	○			
B	×	－			
C			－		
D				－	

・Cは 2 勝 0 敗 1 分けであった。

→Cの結果のところに、2 － 0 － 1 と入れます。問題文に合わせ、「勝・敗・分」とします。

	A	B	C	D	勝　敗　分
A	－	○			
B	×	－			
C			－		2 － 0 － 1
D				－	

全部の欄を埋めることに必死にならず、途中でも必ず選択肢を確認しましょう！

基本問題1

A〜Dの４人が将棋の対局を総当たりで行った。引き分けた対局はなく、勝ち数によって順位をつけたところ、同順位の者はいなかった。以下のことがわかっているとき３位になったのは誰か。

ア　BはAに勝った。
イ　AはDに勝った。
ウ　CはBに勝った。

1. A
2. B
3. C
4. D
5. この条件では特定できない。

4人で総当たり戦を行っているので、一人当たり3試合することになります。勝ち数によって順位をつけ、かつ同順位の者がいないので勝ち数は1位から順に3勝、2勝、1勝、0勝となることがわかります。
条件をまとめると以下の通りとなります。

	A	B	C	D	現在の勝敗
A		×		○	1勝1敗
B	○		×		1勝1敗
C		○			1勝
D	×				1敗

ここから、A、B、Dはすでに1敗しており、全勝して1位になることができるのはCのみなので、Cが1位であるとわかります。
そして、Cが全勝であることから、対戦相手のA、B、DはCに負けたことになります。ここから、2勝の可能性が残るのはBのみなのでBが2位と確定します。
これらを整理すると以下の通りとなります。

	A	B	C	D	勝敗	順位
A		×	×	○	1勝2敗	3
B	○		×	○	2勝1敗	2
C	○	○		○	3勝	1
D	×	×	×		3敗	4

以上より、Aが3位となるので、1が正答となります。

答え：1

基本問題2

A～Fの６人が次の図のようなテニスの対戦をした。次のア～オのことがわかっているとき、決勝戦の対戦相手の組合せとして、正しいものはどれか。

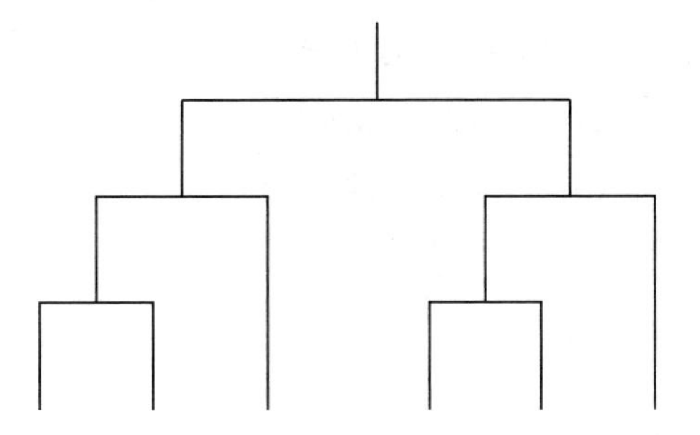

ア　Aは１回戦でEと対戦した。

イ　Bは１回戦で負けた

ウ　Cは１試合目で負けた。

エ　Dは２試合行い優勝した。

オ　Eは２試合行った。

1. AとC
2. BとC
3. CとE
4. DとF
5. EとF

条件ア・オより、1回戦でAとEが対戦し、Eは2試合行っていることから、1回戦でEが勝ちEは2回戦で敗退したことがわかります。

条件エより、Dは2試合行い優勝していることから、Dは2回戦から参加し優勝したことがわかります。

条件イ・ウより、Bは1回戦で負け、Cは1試合目に負けていることから、Fは1回戦でBに勝ち、2回戦でCに勝ったことがわかります。

ここまでを整理すると、以下の通りとなります。

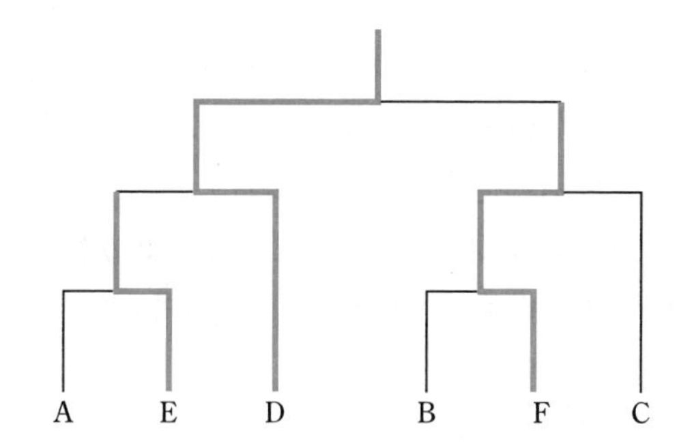

よって、決勝戦でDとFが戦っており、4が正答となります。

答え：4

06 嘘つき

［頻出度］
SPI ○
SCOA ○
light ○
社会人基礎 △

これで解ける！

仮定して考えていく！

A〜Eの５人は、スペイン語、ポルトガル語、フランス語、ドイツ語、イタリア語のうちの１つだけが得意で、同じ言語が得意な者はいない。それぞれに得意な言語について聞いたところ、次のように発言した。

A「私はイタリア語が得意で、Dはポルトガル語が得意だ。」
B「私はフランス語が得意で、Cはポルトガル語が得意だ。」
C「私はポルトガル語が得意で、Aはドイツ語が得意だ。」
D「私はポルトガル語が得意で、Bはスペイン語が得意だ。」
E「私はイタリア語が得意で、Cはドイツ語が得意だ。」

各人が発言の前半か後半のどちらかでのみ本当のことを言い、残りの半分は誤ったことを言っているとき、スペイン語が得意な者として、最も妥当なものはどれか。

1. A
2. B
3. C
4. D
5. E

全員が２つの発言をしており、発言の一方が正しく、もう一方が誤っているという問題です。もっとも、問題文を読んだだけではどちらが正しく、どちらが誤っているかはわかりません。
ここから、①一人の前半が正しく、後半が誤っている場合と②前半が誤っていて、後半が正しい場合の２パターンで検討します。1つの条件を仮定し、他の条件とつじつまがあうように、ドミノ式にウソか本当かを検討していきます。

① Aの発言の前半が本当で、後半が誤っている場合

Aの発言
「私はイタリア語が得意で」が本当→Aはイタリア語が得意
「Dはポルトガル語が得意だ」が誤り→Dはポルトガル語が得意ではない

Aはイタリア語が得意であることから、Cの後半の発言と矛盾します。
ここから、Cの後半が誤っていて、前半が正しいと考えられます。
Cの発言
「私はポルトガル語が得意で」が本当→Cはポルトガル語が得意
「Aはドイツ語が得意だ」が誤り→Aはドイツ語が得意ではない

ここまでを整理すると、Aはイタリア語が得意で、Cはポルトガル語が得意とわかります。
そうすると、Eの発言は前半も後半も誤りになってしまい、条件に合致しません。
つまり、①Aの発言の前半が本当で、後半が誤っているというパターンではないとわかりません。

② Aの発言の前半が誤りで、後半が本当の場合

Aの発言
「私はイタリア語が得意で」が誤り→Aはイタリア語が得意ではない
「Dはポルトガル語が得意だ」が本当→Dはポルトガル語が得意

Dはポルトガル語が得意であるから、Bの後半の発言と矛盾します。ここから、Bの発言の前半が正しく、後半が誤っていると考えられます。

Bの発言
「私はフランス語が得意で」が正しい→Bはフランス語が得意
「Cはポルトガル語が得意だ。」が誤り→Cはポルトガル語が得意ではない

Dはポルトガル語が得意であるから、Cの前半の発言と矛盾します。ここから、Cの発言の前半が誤りで、後半が正しいと考えられます。

Cの発言
「私はポルトガル語が得意で」が誤り→Cはポルトガル語が得意ではない
「Aはドイツ語が得意だ」が本当→Aはドイツ語が得意

Aはドイツ語が得意であるから、Eの後半の発言と矛盾します。ここから、Eの発言の前半が正しく、後半が誤っていると考えられます。

Eの発言
「私はイタリア語が得意で」→Eはイタリア語が得意
「Cはドイツ語が得意だ。」→Cはドイツ語が得意ではない

最後にDの発言を見ると、前半が正しく、後半が誤りであり、条件に合致します。

ここから、残るCが、スペイン語が得意であるとわかります。

したがって、3が正解となります。

答え：3

発言の真偽を整理する際は、このような表で整理します。

	前／後
A	×／○
B	○／×
C	×／○
D	○／×
E	○／×

基本問題1

A～Eの５人が、マラソン大会の順位について、それぞれ次のように述べている。

A「私は最後に到着した。」「DはCの次に到着した。」
B「私はDの次に到着した。」「CはAの次に到着した。」
C「私はEの次に到着した。」「EはBの次に到着した。」
D「私はCの次に到着した。」「Eは最後に到着した。」
E「私はAの次に到着した。」「BはCの次に到着した。」

５人の発言の一方は事実であり他方は嘘であるとすると、２位だった者として、正しいのはどれか。

1. A
2. B
3. C
4. D
5. E

場合分けをして考えます。

①　Aの発言の前半が事実で、後半が嘘である場合

Aは５位であり、「C→D」ではありません。
Aが５位であるとすると、Eの前半の発言は嘘となるので、後半の「C→B」が正しいことになります。
すると、Cの次はDではなく、Dの前半の発言は嘘となり、後半の「Eは最後に到着した」が事実ということになります。
しかし、Aの「私は最後に到着した。」と矛盾することになります。
よって、Aの前半の発言は嘘となります。
すなわち、Aの発言は前半が嘘で後半が事実ということになります。

②　Aの発言の前半が誤りで、後半が事実の場合

Aは５位ではなく、「C→D」です。
「C→D」であるとすると、Dの前半の発言は事実となるので、後半の発言が嘘ということになります。よって、Eは５位ではありません。
また、「C→D」であるとすると、Eの後半の発言は嘘となるので、前半の「A→E」が事実であることになります。
すると、Bの後半の「A→C」は嘘となるので、前半の「D→B」が事実であることになります。
これらを組み合わせると、「A→E」「C→D→B」となりますが、Eは５位ではないことから、順位は「A→E→C→D→B」となります。
したがって、２位はEであり、正解は５となります。

答え：5

基本問題2

A～Eの５人が1500m走をした。その結果についてそれぞれが以下のように述べているが、本当のことを言っているのは1位でゴールした１人のみであり、ほか４人は嘘をついている。同順位でゴールしたものはいなかったと仮定するとBは何位でゴールしたか。

A 「Dが１位だった」
B 「私はAより順位が上だった」
C 「Dが５位だった」
D 「私は５位ではなかった」
E 「私はBより順位が上だった」

1. １位
2. ２位
3. ３位
4. ４位
5. ５位

本当のことを言っているのは1位の1人だけなので、5人の発言から矛盾する2人を見つければ、どちらかが本当のことを言っていることがわかります。

発言を見るとCとDの発言が矛盾しているので検討します。

①　Cが本当のことを言っている場合

Cは本当のことを言っているので1位となり、Dは5位となります。A・B・D・Eの発言はすべて嘘なので条件を整理すると、
Bの発言より「A→B」、Eの発言より「B→E」であるとわかります。

ここから、順位をまとめると、C→A→B→E→D　となります。

②　Dが本当のことを言っている場合

Dが1位となり、ほかの4人は嘘つきとなりますが、Aの発言を見ると「Dが1位だった」と発言しているのでAも本当のことを言っていることになってしまい矛盾します。よって、Dの発言は嘘であることがわかります。

以上より、Cが1位であり、Bは3位なので、3が正答となります。

答え：3

07 物流

［頻出度］
SPI ○
SCOA ×
light ×
社会人基礎 ×

これで解ける！

物流の問題は、物や人がはじめからどういう経路と比率で流れていくのかを式で考えていく問題である。文字が多く、難しい問題に見えるが、順を追って解いていけば攻略することができる。

Aから荷物が送られてくる場合、B地点に着く荷物の個数は何個か。

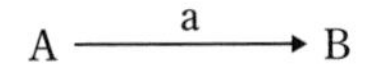

解説

上図の場合はA地点から個数A個の荷物がaの割合でB地点に送られるということを表すとします。このとき、B地点についた荷物は、

A×a＝aA個 ということになります。

答え：aA個

A・Bから荷物が送られてくる場合、C地点に着く荷物の個数は何個か。

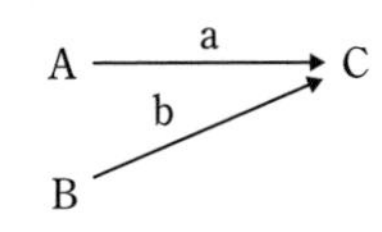

解説

この場合、①A地点から個数A個の荷物がaの割合でC地点に送られます。
→aA個
②Bからbの割合でCの荷物が送られる。→bB

Cに届く荷物の個数は、A地点とB地点の2か所から届くので、この2つを足します。

　aA＋bB　となります。　**答え：aA＋bB**

A地点からB地点を経由して荷物が送られる場合、C地点に着く荷物の個数は何個か。

$$A \xrightarrow{a} B \xrightarrow{b} C$$

解説

まず、B地点に届く荷物の個数は、①より、
　B＝aA　となります。
B地点にあるaA個がbの割合だけC地点に送られるので、
　C＝bB＝baA　となります。　**答え：baA**

解き方は、以下の2ステップ

❶ 物の動きと数量変化のパターンを押さえる
❷ 移動後の物の数＝もとの数×移動する割合

基本問題1

下の図はAからDの４つの地点を正しい情報が流れる様子を表している。
図の矢印は情報が流れる向きを表しており、e~hの小文字はその地点を正しい情報が伝達される割合について表している。
例）AからDに流れる正しい情報の量はいくつか？⇒A×h＝hAとなる。
Cに伝わる正しい情報の量を表した以下の式のうち、①B→C、②A→B→Cを表す式として正しいものはどれか。

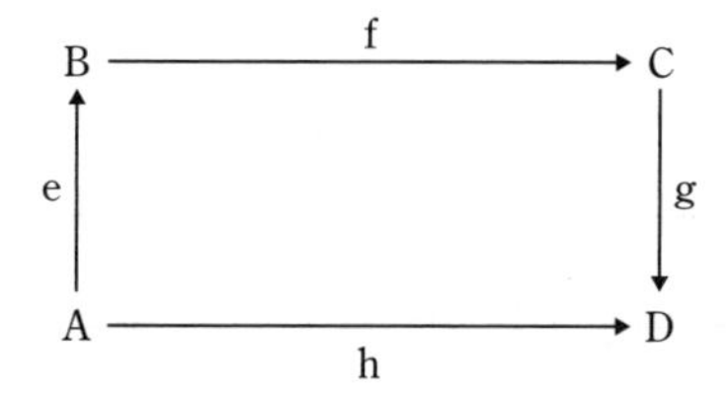

1　C＝fB＋eA
2　C＝f（A＋B）
3　C＝fB
4　C＝efA

解説

①　B→Cのとき
　Bの情報がfの割合だけCにいくので、
　　f×B＝fB　　　　となります。
よって正答は選択肢３です。

②　A→B→Cのとき
　Aの情報がeの確率でBまでいき、その後fの確率でCまで伝わるので、
　　B＝eA
　　C＝fB＝efA　　　　となります。
よって正答は選択肢４です。

答え：①→3　②→4

基本問題2

下図は物流の流れを示した図である。g=0.8 h=0.3 i=0.6 j=0.4 k=0.5 l=0.5のとき、Aから出荷された商品のうち、Fに納入されるのは何%か（必要に応じて、最後に小数点以下第一位を四捨五入すること）。

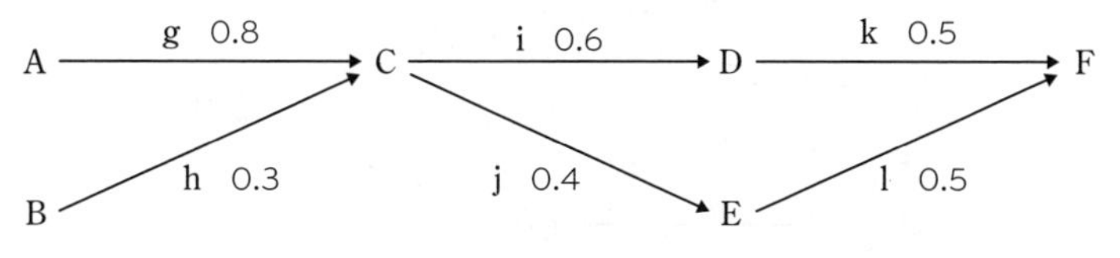

解説

AからFにいくルートは2パターンあります。

① A→C→D→F

C=gA D=iC=igA F=kD=kigAとなるので

A×g×i×k=A×0.8×0.6×0.5=0.24A

② A→C→E→F

C=gA E=jC=jgA F=lE=ljgAとなるので

A×g×j×l=A×0.8×0.4×0.5=0.16A

③ ①と②の和を求めます。

0.24A+0.16A=0.4A=40%

よって40%が正解となります。

答え：40%

基本問題3

下図は物流のポイントと割合を表した図である。ある日Aから320個出荷し、Hに届いた個数と、Dから出荷しFを経由してGに届いた個数が同じだった。Dから出荷したのは何個か。

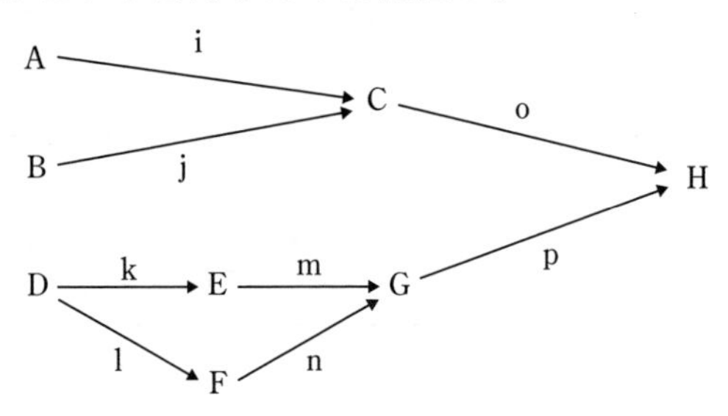

i.　0.6　　j.　0.4　　k.　0.7　　l.　0.8　　m.　0.2　　n.　0.2
o.　0.5　　p.　0.1

① Hに届いた個数を求めます。

A→C→H　　の順で進むので、

Hに届いた個数はA×i×oで表すことができます。

A=320、i=0.6、o=0.5　を代入すると、320×0.6×0.5=96

Hに届いた個数は96個とわかります。

② Gに届いた個数を文字で表します。

Dから出て、Fを経由してGに届くルートは文字で表すと、D×l×n と表すことができます。

③ Dから出荷された個数を求めます。

Dから出荷しFを経由してGに届いた個数がAからHに届いた個数と同じ96個なので、以下の式を立てることができます。

G=D×l×n=96

l=0.8、n=0.2を代入すると、D×0.8×0.2=96となります。これを解くと、

D＝600

よって、正解は600個です。

答え：600個

基本問題4

以下の図は物流の様子を表したものである。Aから出荷された商品のうちEに納入された商品の量はDの何％か。

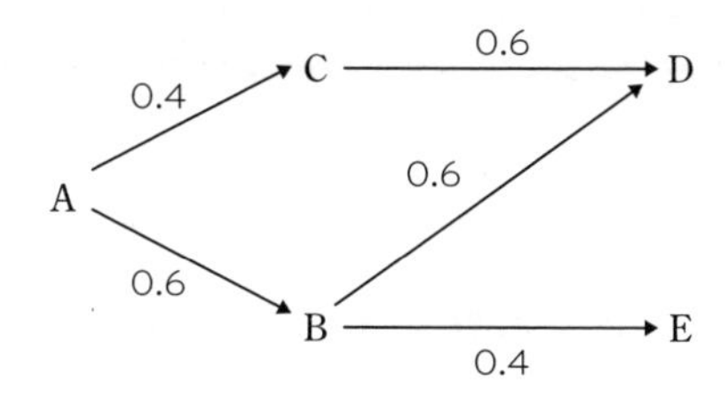

解説

① Dに届いた量を求めます。

・A→C→D　A×0.4×0.6＝0.24A

・A→B→D　A×0.6×0.6＝0.36A

Dに届いた総量はこの２つの合計なので、

0.24A＋0.36A＝0.6A　となります。

② Eに届いた量を求めます。

・A→B→E　A×0.6×0.4＝0.24A　となります。

③ ２つを比較します。Dに対してEの割合を問われているので、

0.6A×X＝0.24A

X＝0.4

よって正解は40％となります。

答え：40％

08 ブラックボックス

［頻出度］
SPI ○
SCOA ×
light ×
社会人基礎 ×

これで解ける！

ブラックボックスの問題は、特に使用する公式等はなく、条件で与えられた装置の入力値と出力値の関係性や法則を正しくとらえられるかが重要となります。

下のA~Cのボックスに入る演算子（＋、ー、×、÷）のうち適切なものを選べ。

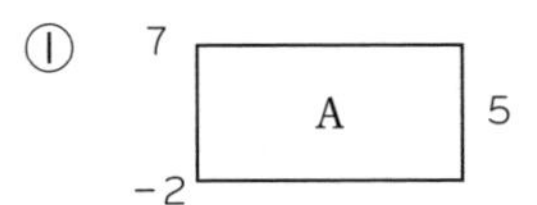

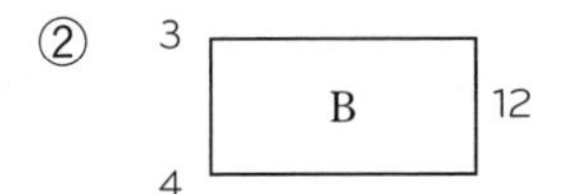

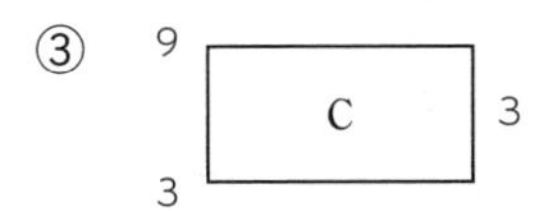

① 5は2つの数を足すことで導かれるため、Aには＋の記号が入ります。

② 12は2つの数を掛けることで導かれるため、Bには×の記号が入ります。

③ 3は9を3で割ることで導かれるため、Cには÷の記号が入ります。

答え：A→＋　B→×　C→÷

基本問題1

下図のA~Cそれぞれに当てはまる演算子や言葉は何か？

①
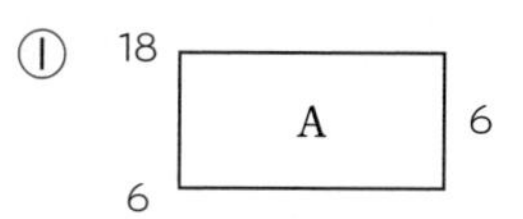

②
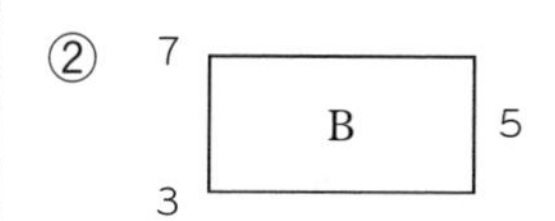

③ 21 C 15 6

解説

① (18、6)の最大公約数は6であるので、Aには「最大公約数」が入ります。

② 5は2つの数字を足して2で割ることから導かれるため、Bには「平均値」が入ります。

7+3=10　　10÷2=5

③ 15は21−6より導かれるので、Cには−の記号が入ります。

答え：A→最大公約数　B→平均値　C→−

基本問題2

装置を通過したときにある操作を行う装置A,Bがある。

・操作説明

① Aに数字が１つ入力されたとき、入力された数字から－１をして出力する。

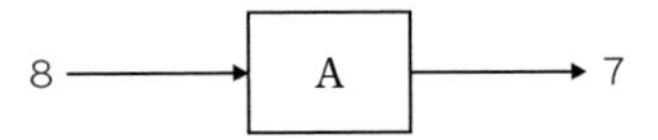

② Aに数字が２つ入力されたとき、２つの数字の和を出力する。

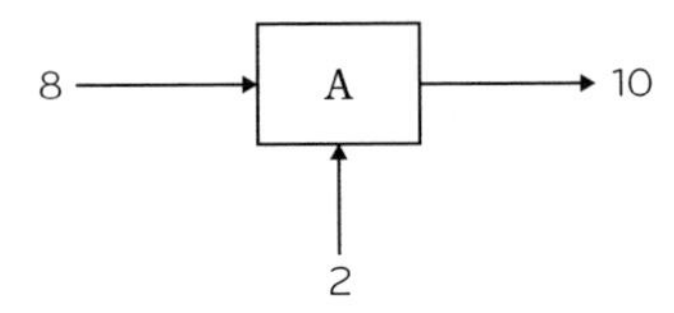

③ Bに数字が１つ入力されたとき、その数値を２倍にして出力する。

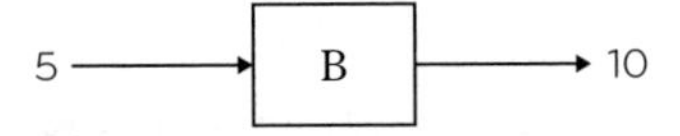

この３つの装置を組み合わせて次の装置を作り、数値を入力した。このとき、Xに出力される数字は何か。

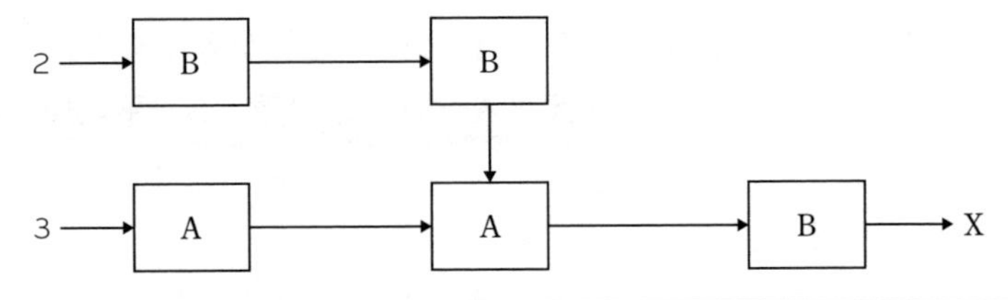

ボックスの中を操作に置き換えると以下のようになります。

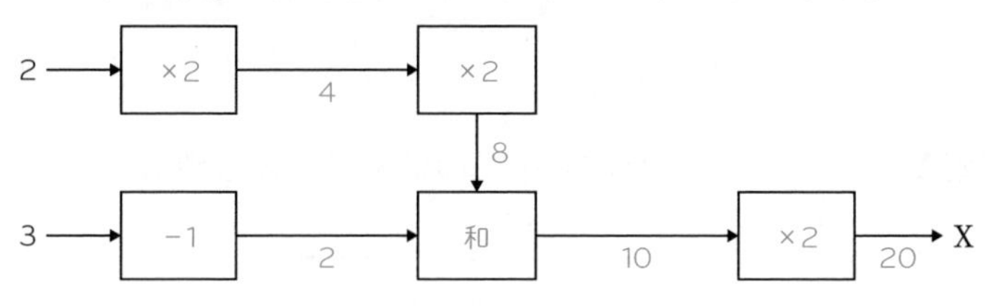

以上のようになり、正解は20です。

答え：20

基本問題3

２つの入力信号（０、1）を以下のように変換して出力する装置がある。

・装置A　　入力された信号を逆の信号に変える装置

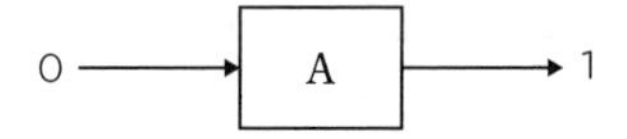

・装置B　　２つの入力信号が両方1の場合は０を出力する。それ以外の場合は1を出力する。

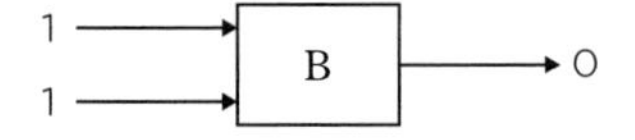

・装置C　　２つの入力信号が両方1の場合は1を出力する。それ以外の場合は75%の確率で1を出力し、25%の確率で０を出力する。

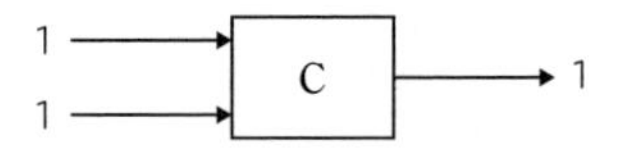

この３つの装置を組み合わせて次の装置を作り、以下のX、Yに1、Zに０を入力したとき、Dの数字が1になる確率は何%か。

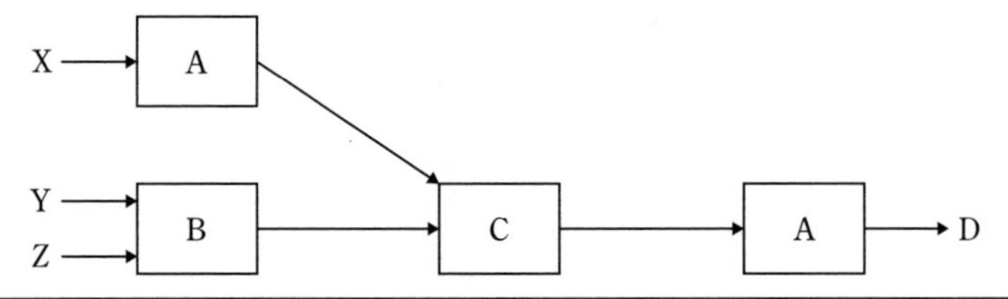

解説

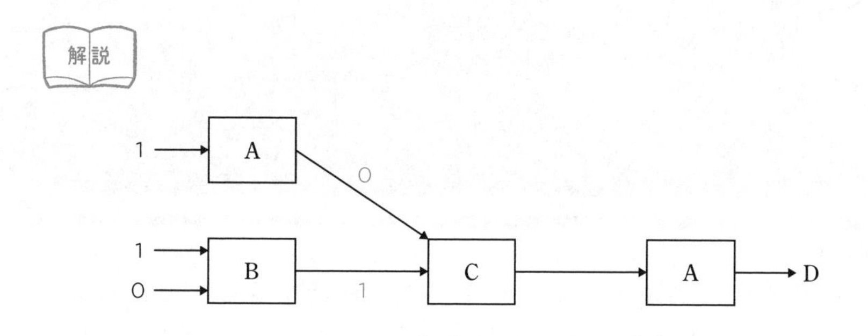

装置Aからは入力された信号を逆の信号に変えるので、左上のAに入力された1が逆になり、0を出力します。
装置Bに入力されるのは1と0なので、「それ以外の場合」に該当し、1を出力します。

装置Cに入力されるのは1と0なのでCから出力されるのは、
- 75%⇒1
- 25%⇒0　　となります。

その後にAを通過する際、逆の信号が出力されます。Dの数字が1になるには、Cから出力された信号が0のときとなります。
したがって、Dが1になる確率は25%です。

答え：25%

09 展開図の問題

［頻出度］
SPI ○
SCOA ○
light △
社会人基礎 △

これで解ける！

問題を解く上でのポイントとして、次の作業をやってみましょう。
1. それぞれの面に数字やカナで名前をつけてみる。
2. 頂点にアルファベットなどで名前をつけてみる。（重なる頂点は同じ印）

下図のように立方体の２つの面に文字を書き入れた。下の展開図にBを書き入れなさい。

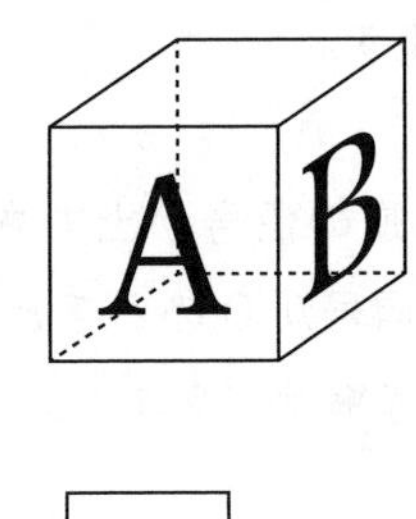

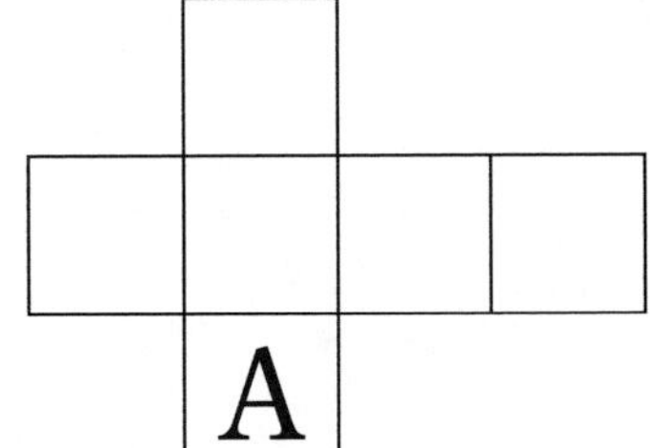

まず、立方体の[A][B]の面の周辺の頂点と[A][B]の両方に接している真上の面に名前をつけ、それを展開図に反映させます。

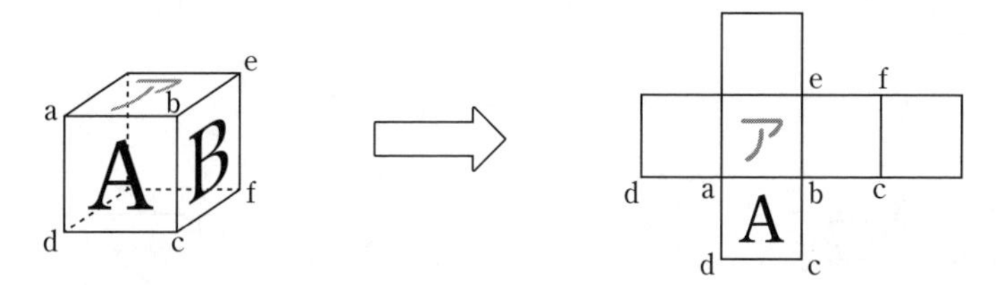

各頂点と「ア」の面との関係からBは面bcfe上になります。あとは辺beがBの上になるように、向きに注意しましょう。

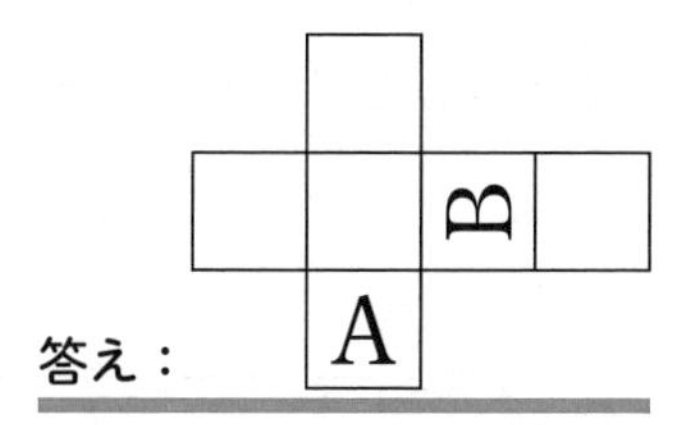

答え：

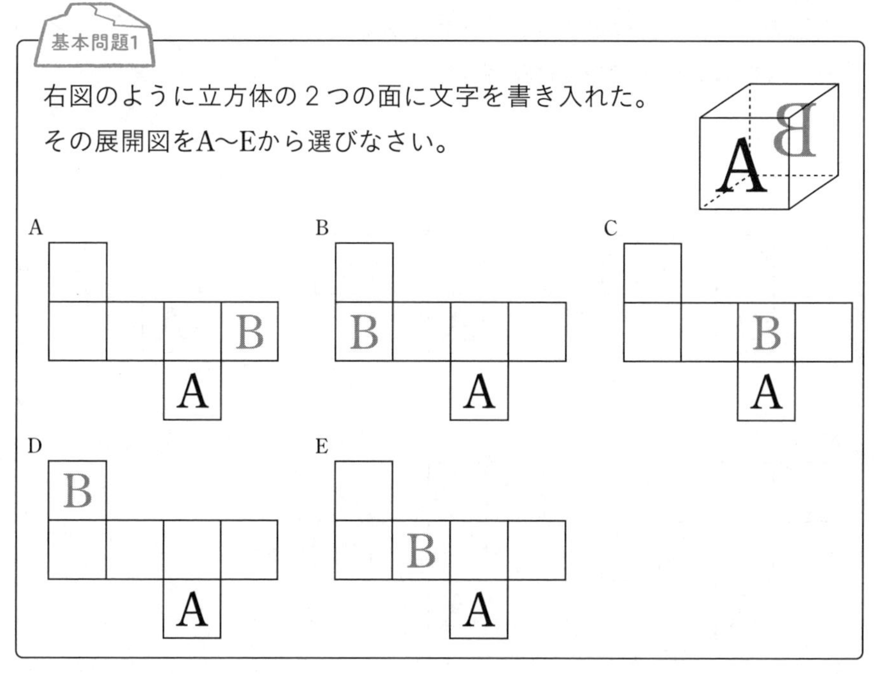

右図のように立方体の２つの面に文字を書き入れた。
その展開図をA～Eから選びなさい。

まず、立方体の[A]の面の周辺の頂点から名前をつけていき、そのあと立方体の上面からア・イ・ウと名前をつけて、それを展開図に反映させます。

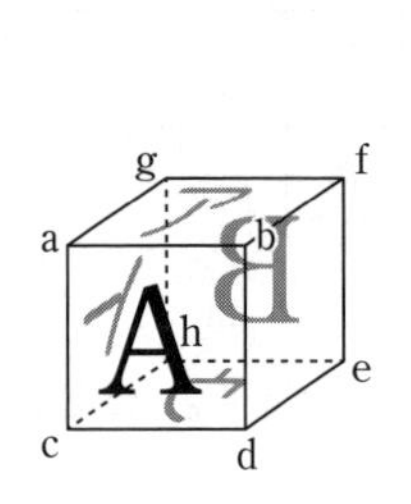

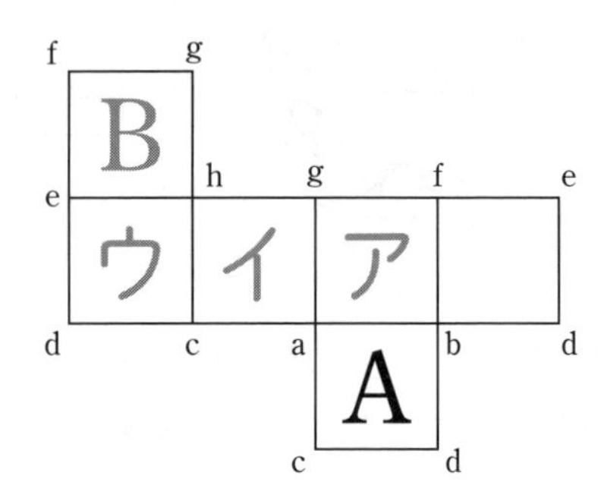

Bはウの上面に辺f gを上にして書かれています。

答え：D

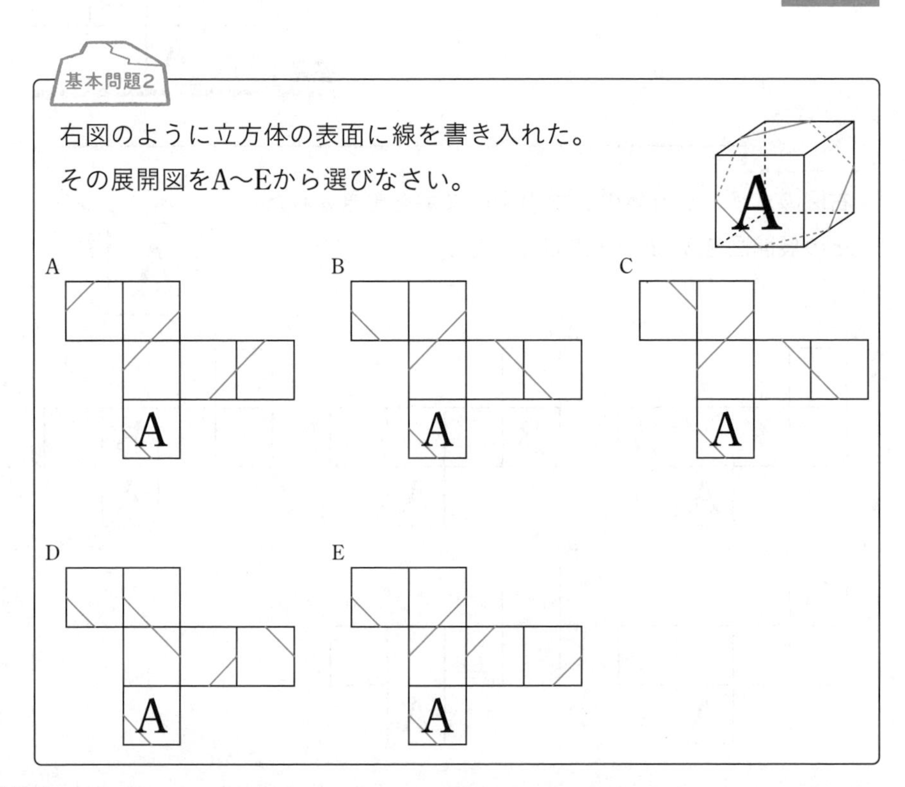

①　まず立方体の各頂点と面abfg・面bdefに名前をつけます。

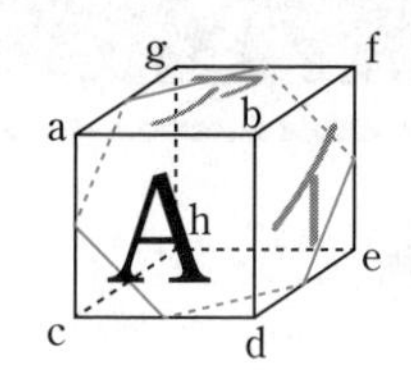

②　展開図に①でつけた頂点・面の名前を反映させます。

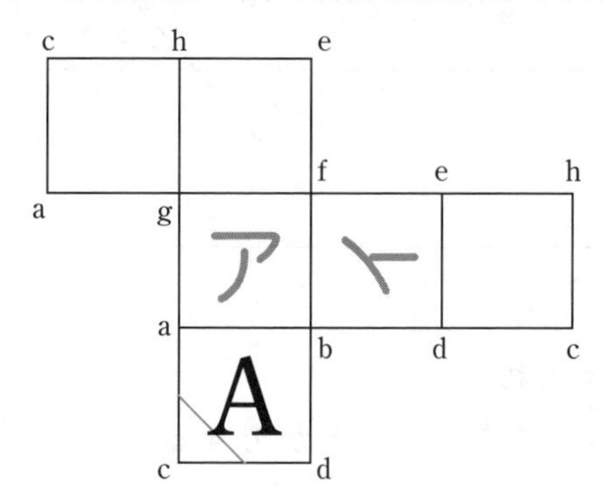

③ 頂点どうしだけでなく、辺と辺の対応も考えて線を引いていきます。

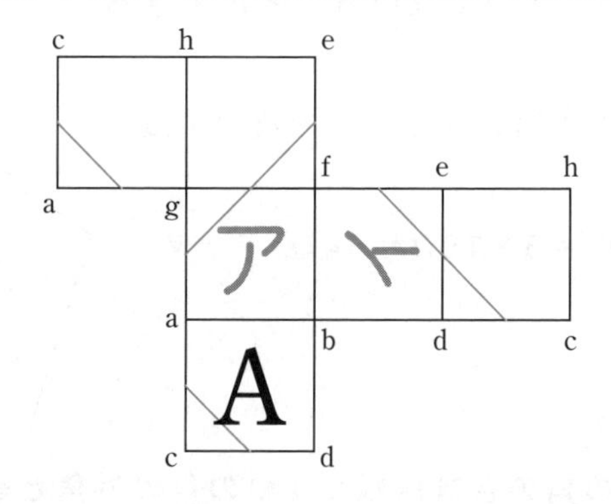

答え：B

01 角度

[頻出度]
SPI ×
SCOA ×
light ○
社会人基礎 ○

これで解ける！

1. 対頂角・同位角・錯角

mとnが平行の場合、

∠a = ∠b = ∠c = ∠dとなる。

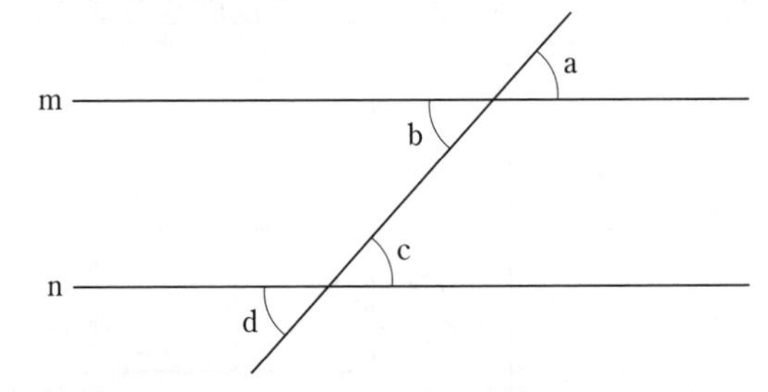

2. n角形の内角の和

⇒(n − 2) × 180°で求めることができる。

正n角形の１つの角

⇒(n − 2) × 180° ÷ nで求めることができる。

例）正五角形の内角の和と１つの角の角度

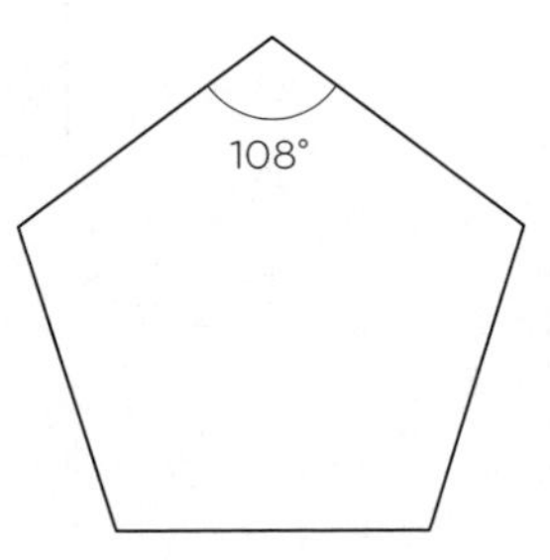

(5 − 2) × 180° = 3 × 180 = 540°

１つの角は、

540 ÷ 5 = 108°

三角形の２つの角の合計は残り１つの角の外角と等しくなる。

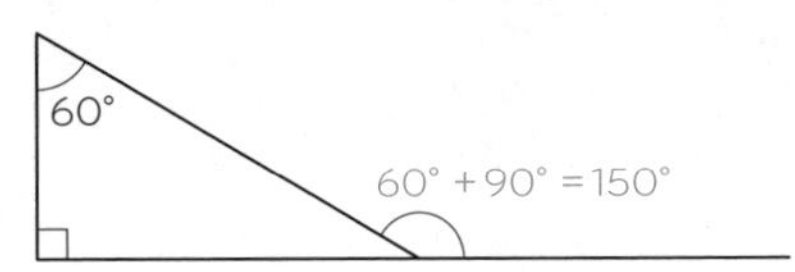

3．円周角・中心角

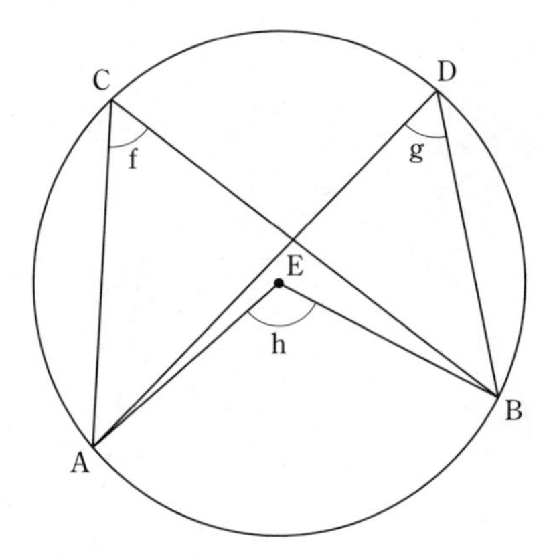

∠fと∠gはいずれも弧ABの円周角である（Aと円とBを結ぶ）。
等しい弧に対する円周角は等しくなるので、∠f＝∠gとなる。

また、hは弧ABの中心角である。
中心角の角度は円周角の2倍なので、∠f×2＝∠hとなる。

ABが直径の場合、弧ABの円周角は直角（90°）となる。

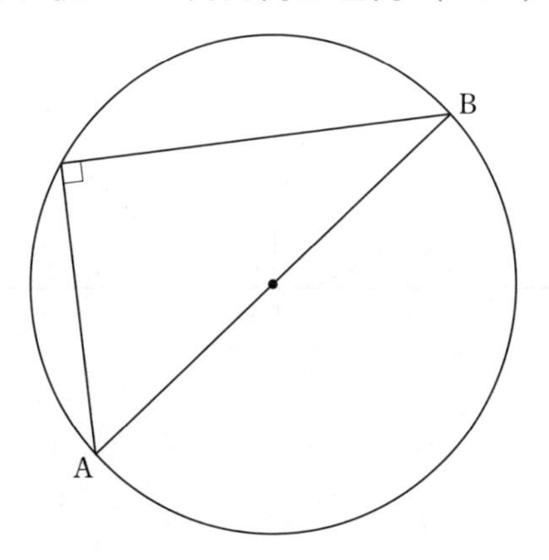

円に内接する四角形がある場合、向かい合う角の合計は180°となる。

$a + c = 180°$

$b + d = 180°$

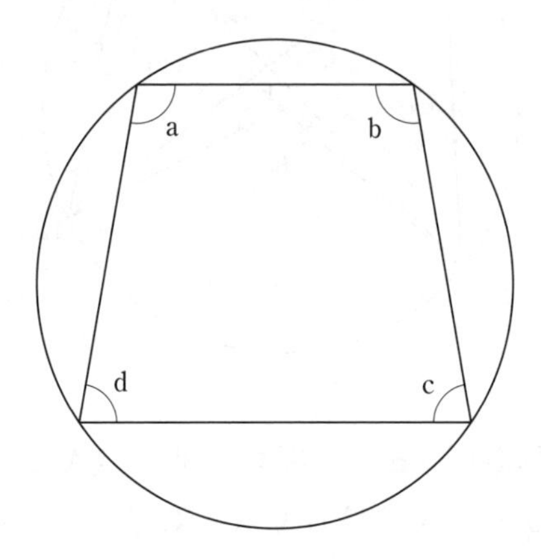

4. 接弦定理

⑴　円の中心から接線に向かって線を引いたとき、接線と半径は直角に交わる。

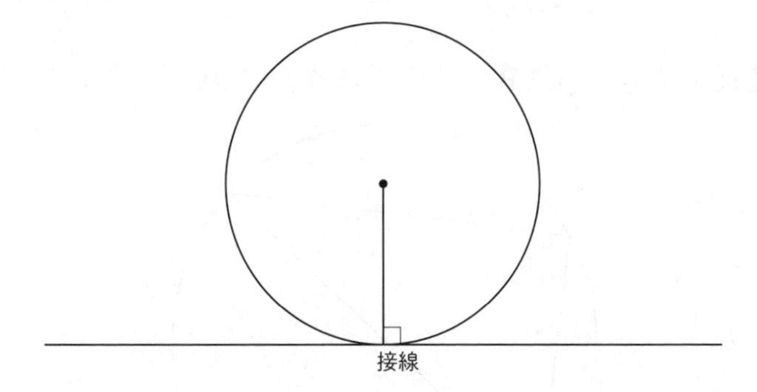

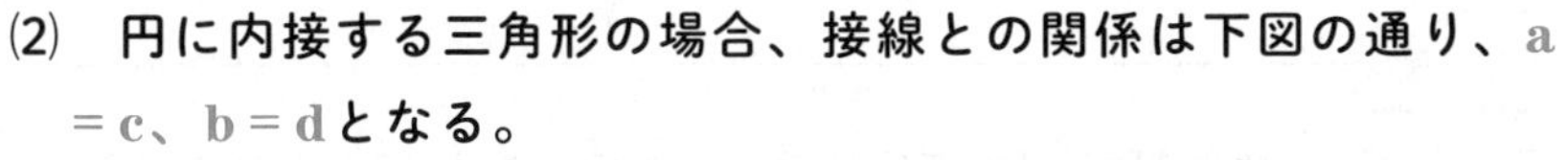

⑵　円に内接する三角形の場合、接線との関係は下図の通り、a＝c、b＝dとなる。

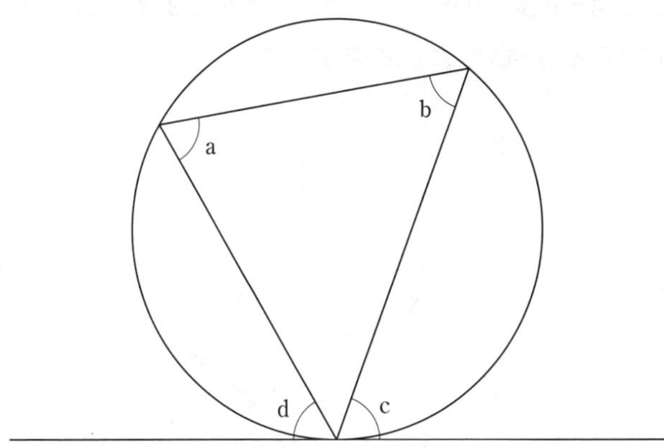

⑶　ある1点から、円に向かって接線を引いたとき、接点までの距離は同じになる。

OA＝OB

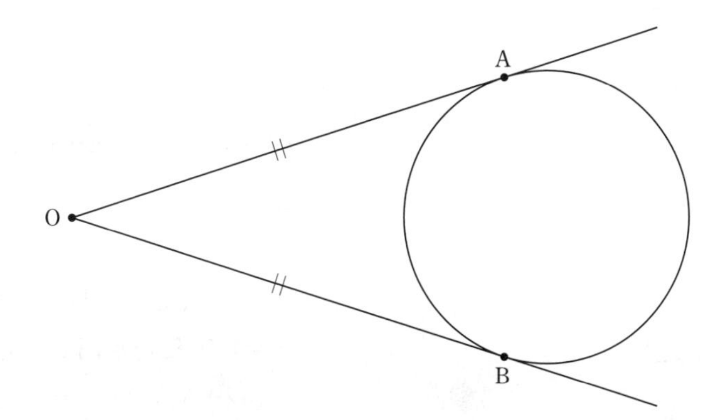

基本問題1

下の図は正三角形ABCをDEで折り返したものである（AとA′が重なる）。
∠A′FB＝42°のとき角Xの大きさを求めよ。

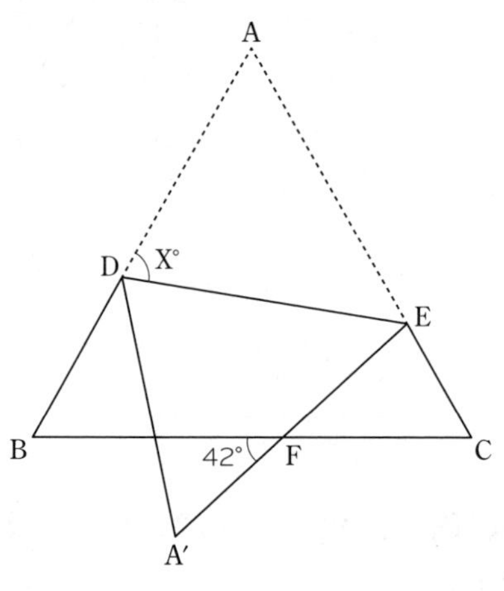

① 49°　② 59°　③ 69°　④ 79°　⑤ 89°

解説

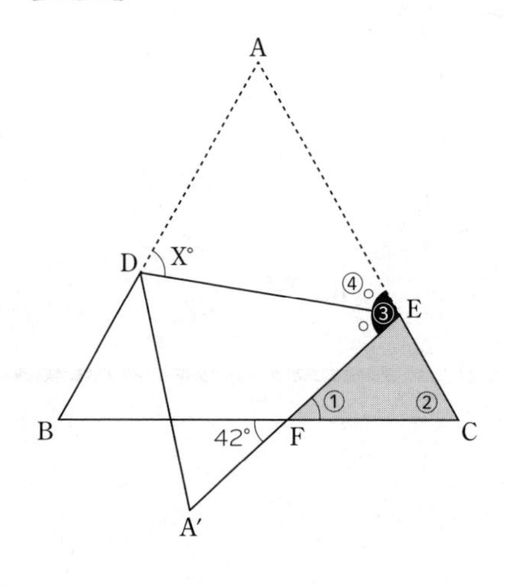

はじめに、三角形EFCに注目します。

①＝42°（対頂角）

②＝60°（正三角形の内角）

③＝102° 三角形EFCの外角
（42＋60）

④＝51°

○印をつけた2つの角は折り返しの前後なので
等しくなります（102÷2）。

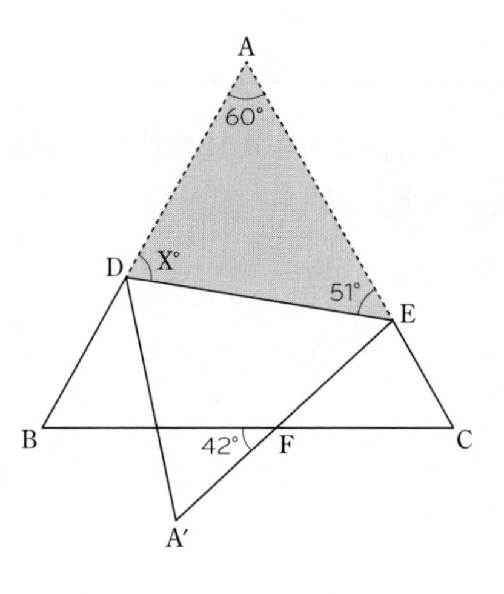

次に三角形ADEに注目してXを求めます。

180－(60＋51)＝69

答え：③

基本問題2

lは円Oの接線でBは円Oとlの接点、ACは直径でその延長線と接線lとの交点をDとする。角Xの大きさを求めよ。

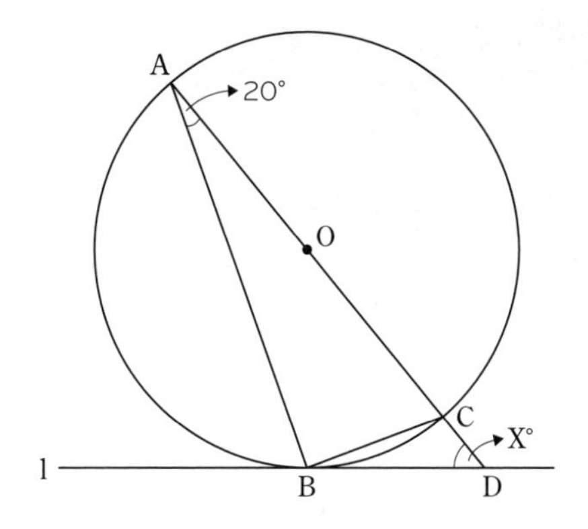

① 50°　② 55°　③ 60°　④ 65°　⑤ 70°

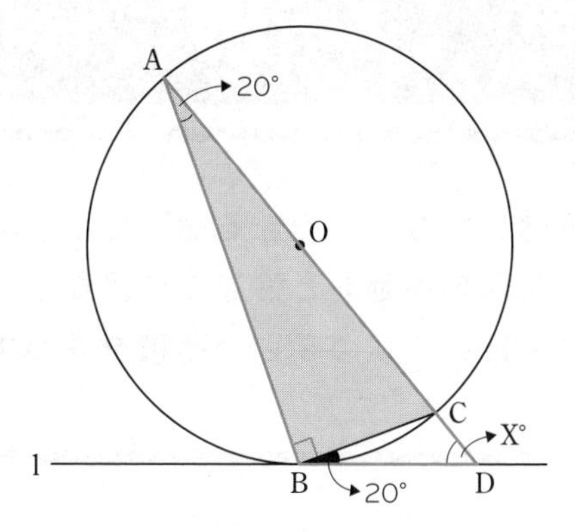

接弦定理より∠CBD＝20°です。
∠ABC＝90°なので(ACは直径)
∠ABD＝90＋20＝110°
三角形ABDよりX＝180－110－20＝50

答え：①

（接弦定理）

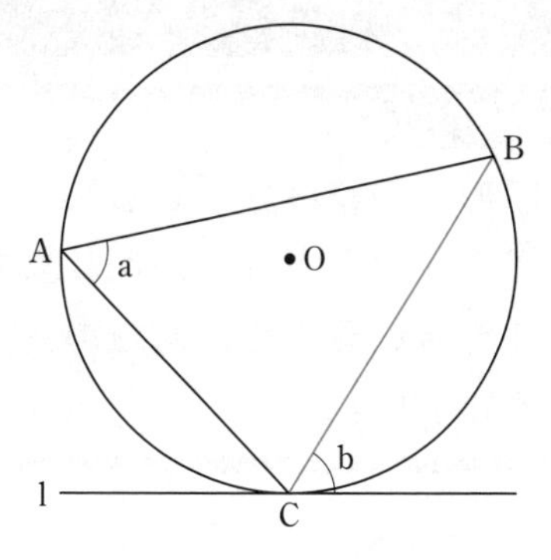

円の接線lと弦BCが作る∠bは、弦BCに対する円周角∠aと等しい。（∠a＝∠b）

02 回転移動と軌跡

［頻出度］
SPI ○
SCOA ○
light ○
社会人基礎 ○

これで解ける！

図形を回転移動させる場合、移動したあとにできる図形は多くの場合「おうぎ形」になります。図形の移動前と移動後の重なり合う等しい長さや、回転の角度に注目して弧の長さや面積を求めてください。

下の図で、三角形ABCを頂点C中心に45°回転させたものが三角形DECである。円周率をπとする。

(1) 辺BCが動いたあとにできる図形の面積を求めなさい。

(2) 点Aが動いたあとの線の長さを求めなさい。

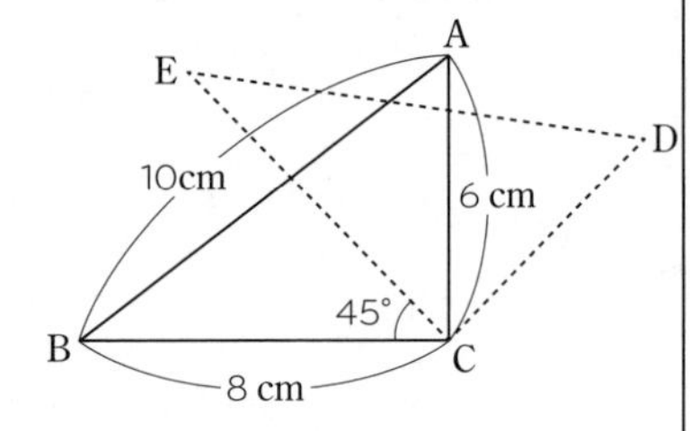

おうぎ形の［面積］［弧の長さ］の求め方

図を見てわかるように、おうぎ形とは円の一部を切り取ってできた形です。

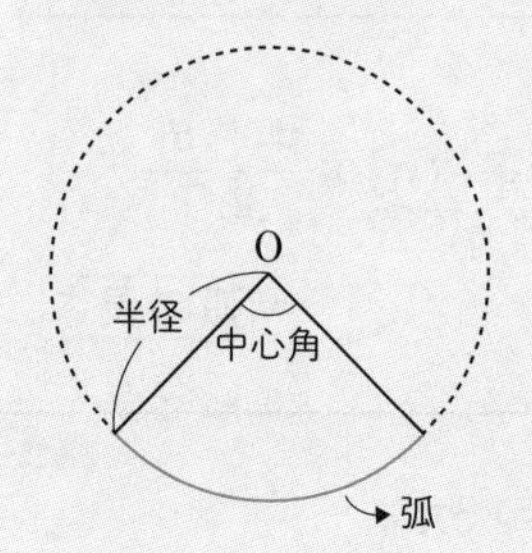

［面積］は 円の面積 $\times \frac{中心角}{360}$ で求めます。

［弧の長さ］は 円周 $\times \frac{中心角}{360}$ で求めます。

※ポイントは $\frac{中心角}{360}$ を掛けることです。

解説

(1)

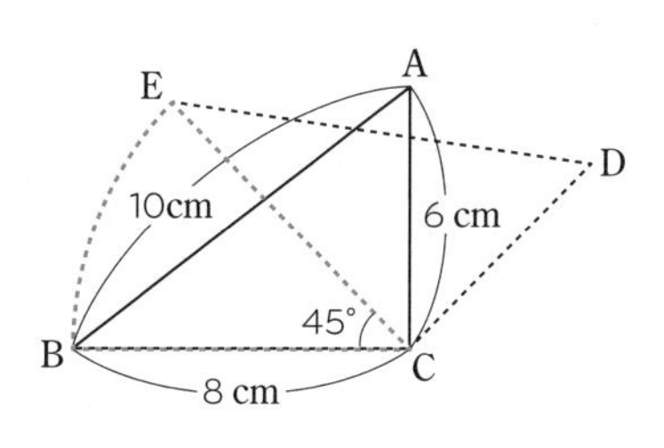

左図の青い破線で示されているおうぎ形の面積を求めます。

【公式】

$半径^2 \times 円周率(\pi) \times \frac{中心角}{360}$
（もとになる円の面積）
＝ おうぎ形の面積

$8^2 \times \pi \times \frac{45}{360} = 8\pi$

答え：$8\pi cm^2$

(2)

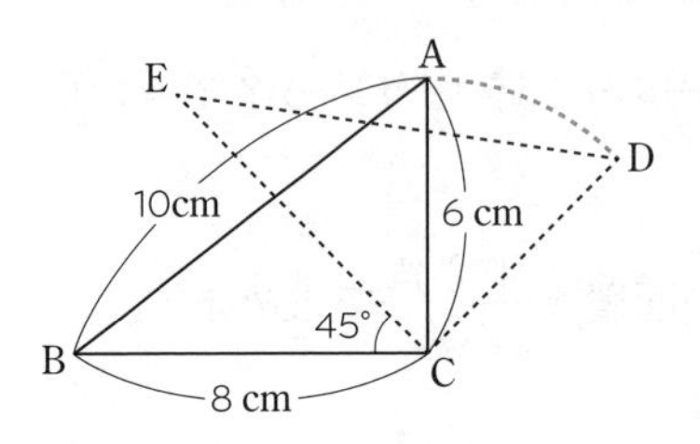

左図の青い破線の長さを求めます。
(半径6 cmのおうぎ形の弧です)

【公式】

半径×2×円周率(π)×$\frac{中心角}{360}$
(もとになる円の円周)
=弧の長さ

$6\times2\times\pi\times\frac{45}{360}=1.5\pi$

答え:1.5πcm

基本問題1

(1)

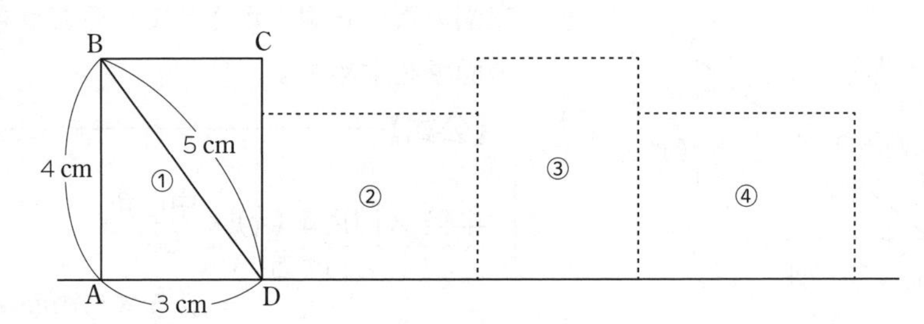

上図のような長方形ABCDを滑らさないように①から④まで転がしました。

(1) ①から④までに、点Cが通ったあとの長さを求めなさい。

(2) ①から②までに、線分BDが通ったあとの面積を求めなさい。

長方形を回転させているので回転の角度は、いずれも90°です。

解説

(1)

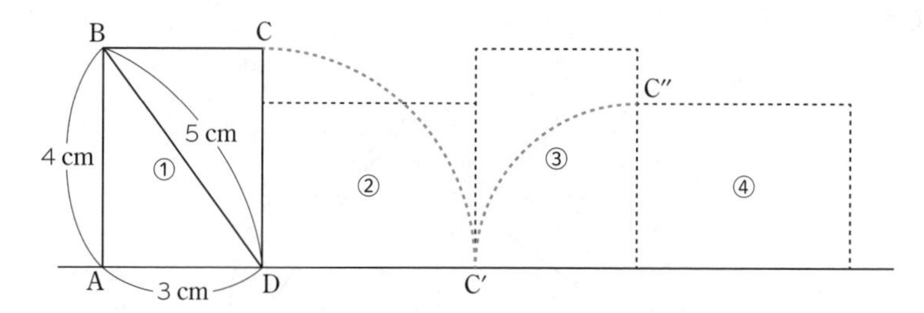

①から②への移動で、CはC′に移動します。

②から③への移動でC′は移動しません。

③から④への移動で、C′はC″に移動します。

よって、弧C C′と弧C′ C″の長さの合計を求めます。

$$4\times2\times\pi\times\frac{90}{360}+3\times2\times\pi\times\frac{90}{360}=\frac{7}{2}\pi$$

答え：$\frac{7}{2}\pi$cm

(2)

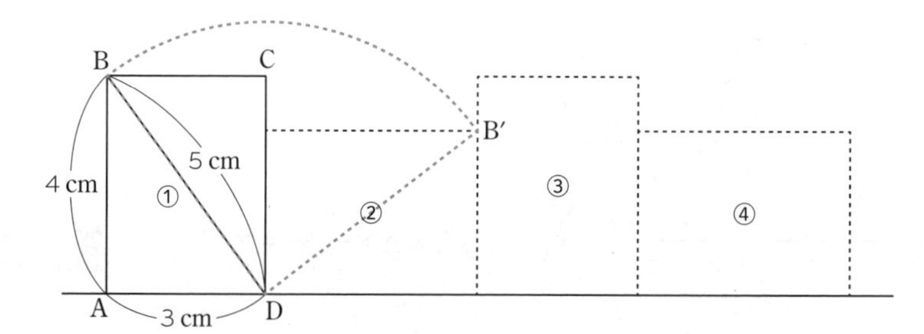

①から②への移動で、Dは移動しません。BはB′に移動します。

よって、おうぎ形DBB′の面積を求めます。

$$5\times5\times\pi\times\frac{90}{360}=\frac{25}{4}\pi$$

答え：$\frac{25}{4}\pi$cm²

基本問題2

下の図は直角三角形ABCを頂点Cを中心にして、30°回転させたものです。

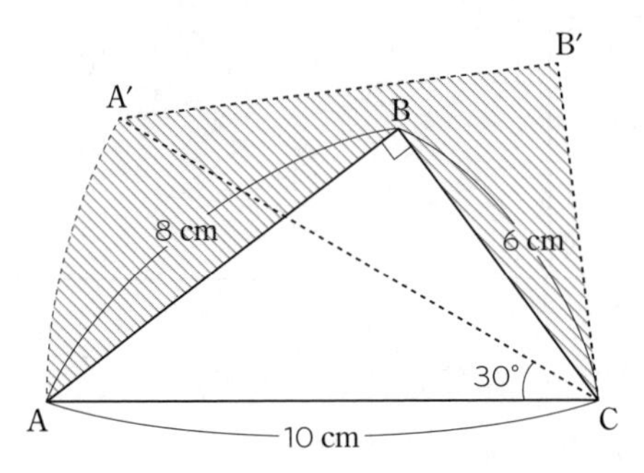

(1) 頂点Bが動いたあとの線の長さを求めよ。

(2) 斜線部分の面積を求めよ。

解説

(1) 下の図の青い破線の弧の長さを求めます。∠BCB′の大きさは30°です。

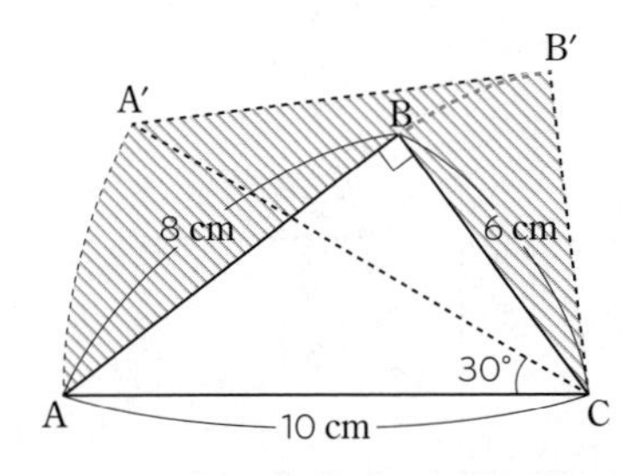

$6 \times 2 \times \pi \times \frac{30}{360} = \pi$

答え：πcm

⑵　下の図の水色の部分の面積は等しくなります。

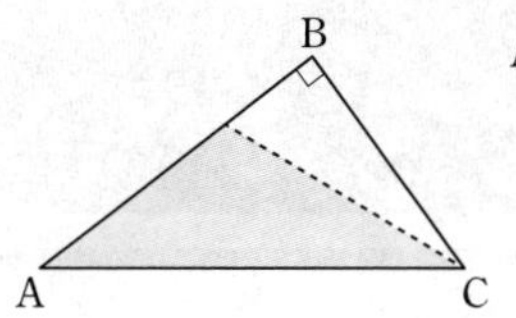

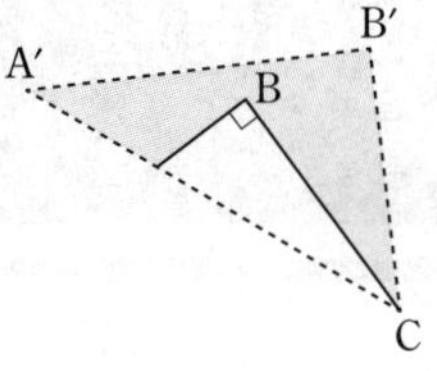

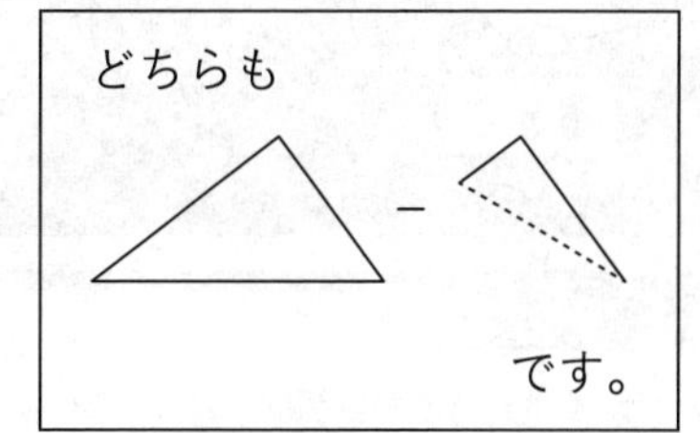

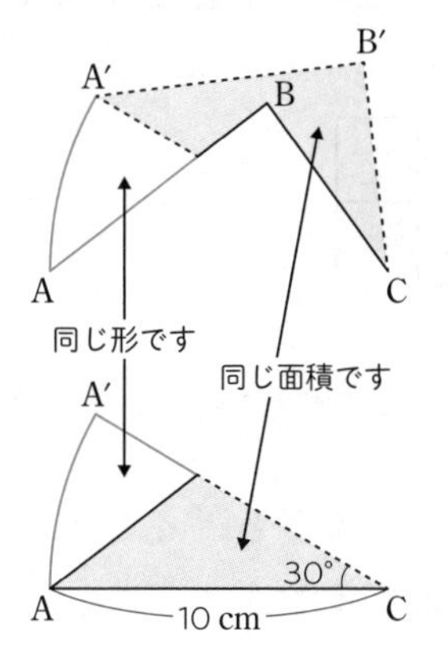

求める面積は、半径10cm・中心角30°のおうぎ形と同じ面積です。

$$10\times10\times\pi\times\frac{30}{360}=\frac{25}{3}\pi$$

答え：$\frac{25}{3}\pi cm^2$

● 図形

03 サイコロの問題

［頻出度］
SPI ○
SCOA ○
light △
社会人基礎 △

これで解ける！

サイコロの問題のポイントは、展開図を使って見取り図では見えていない面を探しだすことです。

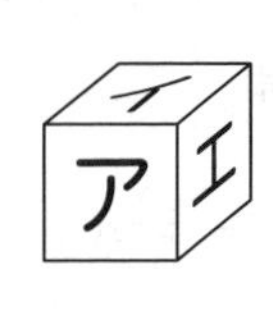

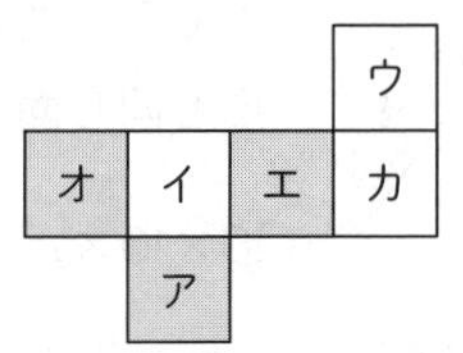

※展開図と組み立てたときとで文字の方向が異なっていますが、見やすさを優先してあえて文字の方向を読める向きに揃えました。

上図のサイコロでイの裏面を展開図を使って考えると、イと隣り合う影をつけた面はいずれもイの裏面とはなりません。また、エの裏面はオと考えられることから、同様の位置関係にあるイの面とカの面は表裏の関係ということになります。よって、イの裏面はカとなります。また、残りのアとウも表裏の関係になります。

下の展開図を組み立てたサイコロをA～Dの方向に２回転がす。転がし終えたとき、アの面が上になる転がし方を①～⑤より選べ。

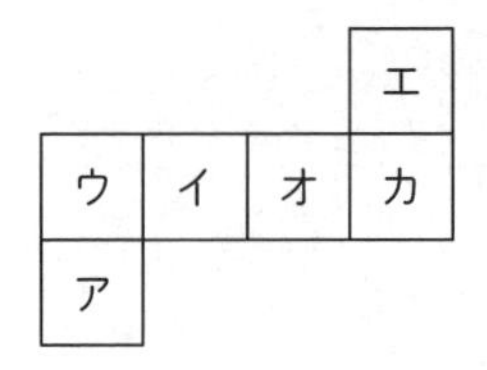

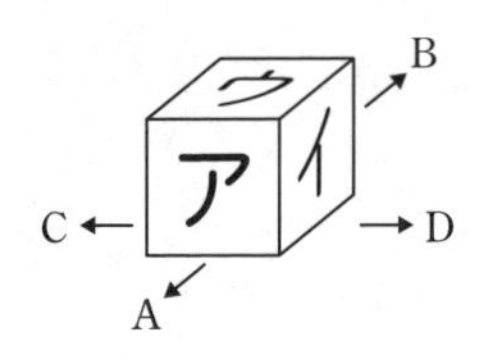

① A−C　② B−D　③ C−B　④ D−A　⑤ C−A

図のサイコロをCの方向に転がすと、イが上にきます。→この面はウの裏面なのでオになります。これをBの方向に転がすので、アの面が上にきます。
C−Bと転がすとアの面が上にきます。

答え：③

基本問題1

下の展開図を組み立てたサイコロをA～Dの方向に３回転がす。転がし終えたとき、カの面が上にくる転がし方を①～⑤より選べ。

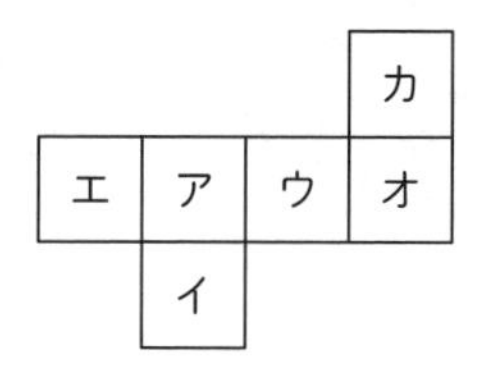

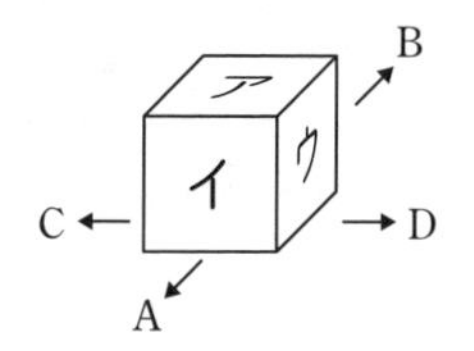

① A−C−B
② B−C−D
③ C−D−A
④ D−C−B
⑤ A−D−B

解説

上図のサイコロをCの方向に転がすと、ウの面が上にきます。→この面はアの裏面なのでオになります。これをDの方向に転がすと、もとに戻ってアが上になります。
最後にAの方向に転がすとイの裏の面カが上にきます。
C−D−Aと転がすことで、カの面が上にきます。

答え：③

基本問題2

次の展開図を組み立てたときにできるサイコロを①～⑤より選べ。

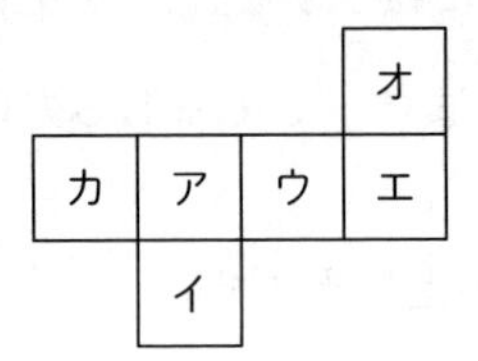

① 

② 

③ 

④ 

⑤ 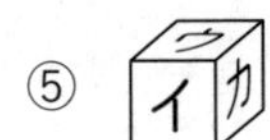

解説

表・裏の関係になっている面を明らかにすることで不正解を消去できます。

展開図より、アとエ・ウとカ・イとオが表・裏の関係になっています。

①はウのとなりにカがあるので不正解です。

②はアのとなりにエがあるので不正解です。

③はイのとなりにオがあるので不正解です。

⑤はウのとなりにカがあるので不正解です。

④だけが表・裏の関係にある面がとなり合っていません。

答え：④

基本問題3

図1の展開図を組み立てて作った4個のサイコロを図2のように並べた。このとき、隣り合うサイコロによってかくれている6つの面の目の数の和はいくつになるか。
①～⑤より選べ。

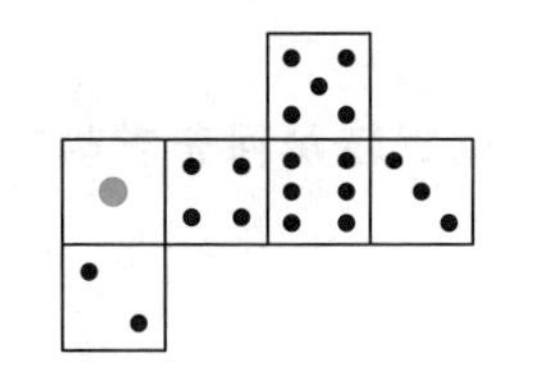

図2

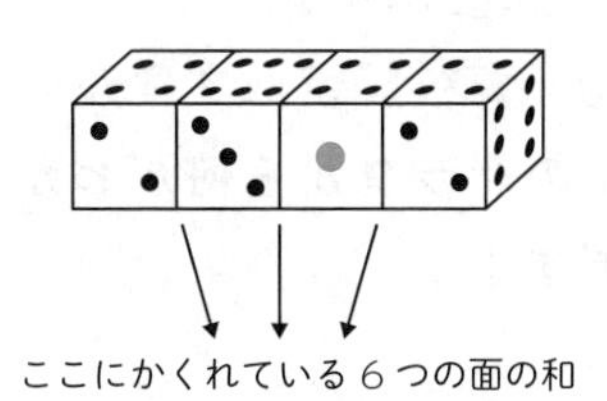

① 19
② 21
③ 23
④ 25
⑤ 27

解説

図1の展開図を組み立てて作ったサイコロは、1と6・2と5・3と4が向かい合わせの面になっていて、その和はすべて7になっています。

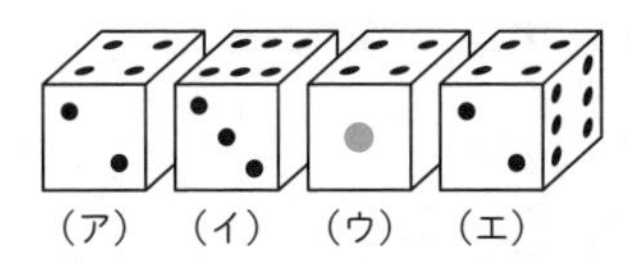

4つのサイコロを左から(ア)・(イ)・(ウ)・(エ)とすると、(イ)と(ウ)のサイコロのかくれた4つの面の合計は7×2＝14　(エ)のサイコロのかくれた面は6の裏なので1。(ア)のサイコロは(エ)のサイコロと同じ置き方なので、かくれている面は6。よって、6つの面の合計は14+1+6＝21

答え：②

01 資料解釈

［頻出度］
SPI ◎
SCOA ○
light ◎
社会人基礎 ◎

これで解ける！

1. 重要ポイント

① 資料解釈は文章理解！

そのグラフから何がわかるのか、選択肢が何を求めているかを把握する！

② ×をつける作業

１つの正解よりも４つの誤った選択肢を探す。

⇒どうなると、この選択肢が誤りになるかを考える。

③ 見た目もしっかり活用！

⇒もともと表やグラフは数字をわかりやすくするもの

④ いきなり計算しない

⇒答えを出す式を立てる。

そのうえで、時間は有限なので、簡単に答えが出る選択肢から計算。

⑤ 概数に注意！

⇒ざっくりした概数にしすぎると、実数と大きく異なる。

※目安は上から４桁目を四捨五入

2. 計算方法

文言に注目

「Aに占めるB」の割合

⇒$B \div A$ $\left(\text{または}\frac{B}{A}\right)$で求めることができる。

例. 資源回収量の合計に占めるびんの資源回収量の割合
⇒びんの資源回収量÷資源回収量の合計

「AあたりのB」

⇒　B÷A　$\left(\frac{B}{A}\right)$で求めることができる。

例. 国立公園1公園あたりの年間利用者数
⇒年間利用者数÷国立公園数

「Aに対するB」

⇒　B÷A　$\left(\frac{B}{A}\right)$で求めることができる。

例. まあじの漁獲量に対するかつおの漁獲量
⇒かつおの漁獲量÷まあじの漁獲量

下は、ある学校の男子生徒とクラス全員の人数を示した表である。このうち、女子生徒の人数が最も多いのはどのクラスか。

	男子生徒	クラス全員
A組	21人	40人
B組	19人	38人
C組	25人	45人
D組	26人	42人
E組	17人	41人

1. A組
2. B組
3. C組
4. D組
5. E組

解説

女子生徒の人数は、クラス全員の人数－男子生徒の人数で求めることができます。

A組：40－21＝19人
B組：38－19＝19人
C組：45－25＝20人
D組：42－26＝16人
E組：41－17＝24人

したがって、E組が最も女子生徒の人数が多く、正解は5となります。

答え：5

基本問題1

下のグラフは、あるスーパーの1月から6月までの売り上げをまとめたグラフである。
このグラフから読み取れることとして、前月に比べて増加率が最も高いのは次のうち何月か。

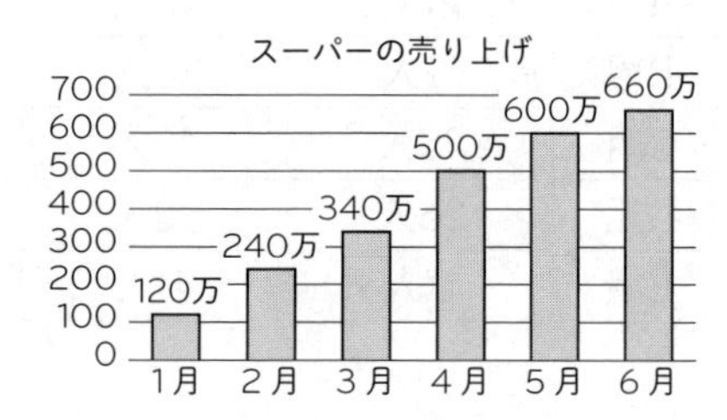

1. 2月
2. 3月
3. 4月
4. 5月
5. 6月

各月の対前月増加率は、前月比増加額÷前月の売上で求めることができます。

2月：120÷120＝1＝100％
3月：100÷240≒0.416＝41.6％
4月：160÷340≒0.47＝47％
5月：100÷500＝0.2＝20％
6月：60÷600＝0.1＝10％

したがって、2月の対前月増加率が最も高く、正解は1です。

答え：1

増加率の場合、何％増えたか、何倍になったかということを問われているので、次のように考えると、複雑な計算をせずに求めることができます。

1月→2月：2倍になっている。(120→240)
2月→3月：2倍にはなっていない。そこまで増えていない。(240→340)
これは、3月→4月、4月→5月、5月→6月も同様である。

ここから、一番増加率が高いのは1月→2月であると判断することができます。

基本問題2

下のグラフは、あるラーメン屋の2016年から2021年の売り上げを示したグラフである。このグラフから読み取れることとして、前年に比べ最も増加率が高いのは次のうちどれか。

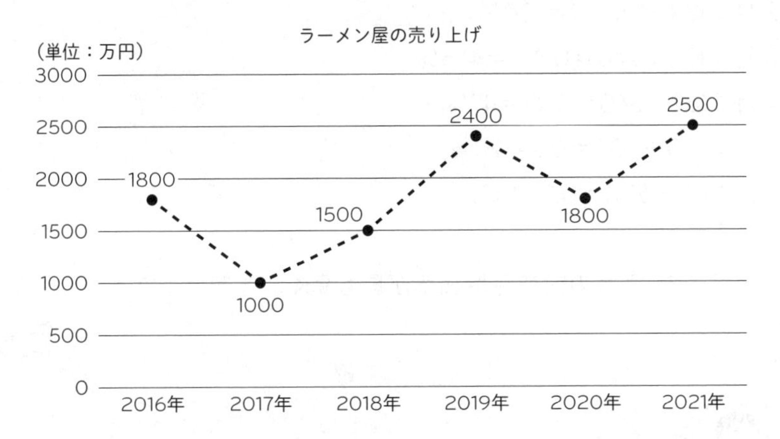

1. 2017年
2. 2018年
3. 2019年
4. 2020年
5. 2021年

各年の対前年増加率は、前年比増加額÷前年の売上で求めることができます。

2017年：－800÷1800≒－0.44＝－44％
2018年：500÷1000＝0.5＝50％
2019年：900÷1500＝0.6＝60％
2020年：－600÷2400＝－0.25＝－25％
2021年：700÷1800≒0.38＝38％

したがって、2019年の対前年増加率が最も高く、正解は3です。

答え：3

対前年増加率が最も高い年を問われているので、前年に比べて減少している2017年、2020年は検討しなくて良いです。
対前年増加率の場合、何％増えたか、何倍になったかということを問われているので、次のように考えると、複雑な計算をせずに求めることができます。

2017年→2018年：1.5倍になっている。（1000の半分にあたる500増えている）
2018年→2019年：1.5倍以上増えている。（1500の半分は750だが、1500＋750＝2250よりも増えている）
2020年→2021年：1.5倍ほど増えてはいない。（1800の半分は900だが、1800＋900＝2700よりも増えてはいない）

ここから、一番増加率が高いのは2018年→2019年であると判断することができます。

第 2 章

文章理解

科目

長文読解（全1節）

01 長文読解

[頻出度]
SPI ○
SCOA ○
light ○
社会人基礎 ○

1 内容一致

これで解ける！

選択肢と本文の内容が一致しているものを選ぶ問題です。
①まず、選択肢を把握します。
②本文を読みながら、選択肢に出てきた文言があったら、その場で選択肢を精査します。
※無理に正誤を判断しなくてもよいです。

この文章の内容と一致するものとして、最も妥当なものはどれか。

人間の心にはいくつもの層があります。大きく分けると、意識と無意識に分かれます。いま私が文章を書いているのは、直接的には私の意識の働きですが、意識に上っていない心の層もあります。この、意識化されていない感情、欲求、衝動や、それらを抑えようとする心理で気づいていないものなどを、「無意識」と言います。

たとえば、仕事に夢中になっているとき「おなかがすいている」という意識はなかったのに、仕事が終わったとたん急に何かを食べたくなる、などは、よくある例です。この場合、仕事に夢中になっている間も実はおなかはすいていたわけで、その感覚は、無意識の中に存在していたと言えます。

無意識の中には、意識化されているものよりはるかに多くのものが存在する、と言われています。

また感情を抑圧しているとき、その抑圧された感情は無意識の中に残ります。たとえば、不快な気持ちを抑えて、にこにこしている場合、不快感は、表には出てこないものの、無意識の中には、しっかりと存在しています。

違和感は、意識と無意識の中間にあると言えます。無意識で感じていることが、意識化されようとしているのですが、まだ言語化されていない状態です。ですから、「しっくりいかない」「何かもやもやする」「ちょっとひっかかる」といった漠然とした感覚で認識されるのです。

違和感のこの漠然とした感覚の背景には、まだ意識化されていない、何らかの感情・欲求・衝動などがあるはずです。つまり、人が何かを感じたり、何かをしたいと思ったりしていても、それがまだ認識されていない状態で、違和感は生じるのです。

出典：向後善之『人間関係のレッスン』講談社

1. 意識に上っていない心の層は存在しない。
2. 仕事中には集中しているため空腹になることはない。
3. 感情を抑圧できれば、その感情は無意識の中にも残らない。
4. 違和感は無意識で感じていることを言語化されず意識化されようとしている状態である。
5. 言語化の訓練を積むことで、無意識は言語化でき、違和感はなくなる。

解説

1. 1段落にて無意識の説明として意識に上っていない心の層の存在が書いてあります。
2. 2段落にて空腹を意識していないだけで、空腹であるとの記載があります。
3. 4段落にて抑圧された感情は無意識の中に残るとの記載があります。
5. 本文中にこのような記載は存在しません。

答え：4

主語と述語（動作主と動作）に注目する

本文と選択肢で、動作の主が違うという選択肢が多く、また引っかかってしまう人も多いです。
選択肢の中で動作と動作主をチェックしたうえで本文を読みましょう。

2 要旨把握

これで解ける！

①まず選択肢を把握します。
②本文を読みながら、本文に書いていない選択肢は削除します。
③残った選択肢（本文に書いてあるもの）が、要旨かどうかを判断します。

次の文の主旨として、最も妥当なものはどれか。

学校生活には暗記という嫌な言葉があります。丸暗記などというとますます嫌なイメージです。嫌だけど覚えなければならない。無駄だけど覚えなければならない、というのが暗記のイメージです。

でも暗記という言葉が嫌なイメージだからといって記憶そのものを排斥することは間違いです。すべては記憶の上に成り立っているのです。そもそも毎日の行動そのものが記憶の上に組み立てられています。しっかりした記憶のおかげで、考えなくても我が家の中が歩きまわれ、わが町を歩きまわれるのです。記憶のない見知らぬ町へ放り出されたら、いちいち地図に相談しなければなりません。交番の厄介にならなければなりません。

心理過程はすべて記憶の重なりです。知らず知らずに覚え込んだか、意識して覚え込んだかの違いはあっても、覚え込んだものが積みあがった結果が現在の心です。覚えることに嫌悪感を持たないようにしてください。記憶を嫌がっている自分自身が記憶の上に成り立っているのです。

出典：山鳥重『「わかる」とはどういうことか―認識の脳科学』筑摩書房

1. 学校生活において、暗記は欠かすことはできない。
2. 無駄だが覚えなければならない、というのが暗記のイメージだ。

3. 暗記という言葉が嫌なイメージだからといって記憶そのものを排斥することは間違いだ。
4. しっかりした記憶のおかげで、考えなくても我が家の中が歩きまわれ、わが町を歩きまわれる。
5. 記憶を嫌がっている自分自身が記憶の上に成り立っている。

解説

1は本文に書いていない内容のため、最初の段階で消していきます。
2はその後、「でも」で打ち消されています。
3は記憶がどのようなものかの文章であり、その要旨への導入文となっています。
4は事例説明のため、要旨ではありません。

答え：5

要旨は最初か最後に来ることが多いです。
また、事例は要旨になることはありません。
繰り返し使われるフレーズは要旨になりやすいので、注目しましょう。

≪問題文パターン例≫

導入→説明・例→まとめ（要旨）
まとめ（要旨）→説明・例→再まとめ（要旨）

3 空欄補充

これで解ける！

①本文を上から読み進めて、選択肢を精査します。
②空欄部分の前後から選択肢を削ることができます。

次の文の空欄【A】に当てはまるものとして、最も妥当なものはどれか。

「気をつけてください。どんなに素晴らしい宝物を持っていても、その価値に気づかなければ、簡単に奪われてしまいますから」

これはアメリカで取材したハーレム地区の内科医ドーン博士の言葉です。当たり前だと思っていたものが、失ってみて初めてすごく大切だったことに気づく、みなさんはそんな経験をしたことがありますか？

実はここ日本にも、国民の多くが【A】。ドーン博士の住むアメリカでは、医療は「ビジネス」です。治療も薬も医療保険も高額で、お金のある人は良い治療を受けられますが、お金のない人は十分な治療を受けられません。毎年何万人もの国民が医療破産したり、手遅れになっていのちを落としてゆくアメリカで、ドーン博士は私に向かって、日本の医療制度を「宝物」と呼んだのでした。

先進国でもアメリカのように、民間保険中心の国もあれば、大半の国民が保険を持たない国も多い中、保険証1枚でいつでもどこでも誰でも治療が受けられる日本の「国民皆保険制度」は、とても恵まれているのです。

出典：岩波新書編集部 編『18歳からの民主主義』より 堤未果「医療が危ない！」岩波書店

1. すでに失ってしまった「宝物」がたくさんあるのです

2. その価値を十分に把握している「宝物」がたくさんあるのです
3. その価値に気づいていない「宝物」がたくさんあるのです
4. すでに奪われてしまった「宝物」がたくさんあるのです
5. 素晴らしいと思っている「宝物」がたくさんあるのです

解説

【A】の前の文にある「そんな」に注目します。そこから「当たり前だと思っていたものが、失ってみて初めてすごく大切だったことに気づく」につながります。【A】を挟んで日本の医療が宝物と続きます。日本の医療は、日本人には当たり前だが気づかれていない価値というところから３番が入ります。

答え：3

よこみぞポイント

指示語に注目

指示語：「この」「これ」「その」「それ」「あの」「どの」などの「こそあど言葉」に注目します。
(例)
この点で、地球は【　　　】である。
「この点」より以前の文を見ていき、「この点」の中身を把握し、空欄の中身を推測します。

4 文章整序

これで解ける！

①指示語・接続詞から選択肢のセットを作ります。
②選択肢の並びも踏まえながら答えを絞っていきます。

次の短文A～Eの配列順序として、最も妥当なものはどれか。

A：人間は若いときに挫折を経験しないで順風満帆の生活を続け、相当な年齢になってから突然挫折すると、心がポッキリ折れてしまうことがあります。
B：挫折をどう受け止めるかは、その人なりの事情もあるので他人が簡単に口をはさめることではありません。
C：そういう意味で、なるべく早いうちに挫折を経験しておいたほうが長い人生においてはプラスになります。
D：ショックの余り立ち直ることができず、中には仕事を辞める人もいれば、心を病んでしまう人もいます。
E：しかしできれば、たとえ挫折したとしても、「これで終わりだ」などとは思わないで、それを乗り越えていく強い心を持ってほしいと思います。

出典：池上彰『なんのために学ぶのか』SB新書

1. A－B－C－D－E
2. A－B－C－E－D
3. A－D－B－E－C
4. B－C－E－A－D
5. B－E－D－C－A

Cの「そういう意味」に対応するものを考えます。Cの前に来るものは、プラスの意味になります。上の条件に当てはまるのは、Eのみです。よって、正解は３となります。

〈別解〉

Bの「その人」に当てはまるものを探すと、人の例を挙げているのは、Dだけです。「D→B」の前後関係となるのは、３だけであり、３が正解となります。

答え：3

接続詞に注目

接続詞の意味から文章の前後関係を把握します。

≪要チェック接続詞≫

逆説の接続詞：しかし・だが・けれども・ところが・それにもかかわらず・それでも・とはいえ……など
順接（因果）の接続詞：だから・よって・ゆえに……など
換言の接続詞：つまり・すなわち・ようするに……など

第3章

一般常識

科目

社会科学（全1節）
人文科学（全1節）
自然科学（全1節）

01 社会科学

［頻出度］
SPI ×
SCOA ◎
light ◎
社会人基礎 ◎

1 社会科学（政治）

これで解ける！

政治は「人権」と「国会・内閣・裁判所」の二単元の基本的な内容を押さえていきます。

次のうち、正しいことを述べた文はどれか。

1. ルソーは、国家の権力を立法・行政・司法の三つに分ける三権分立論を唱えた。
2. ホッブズは、人間は自然状態では「万人の万人に対する闘争」の状況となるとした。
3. ロックは、「法の精神」を著し、法の支配を主張した。
4. モンテスキューは、立法権と執行権を分ける二権分立論を唱えた。
5. ロックは、直接民主制を唱えた。

解説

1：三権分立を唱えたのはモンテスキューである。
3：「法の精神」を著したのはモンテスキューである。
4：二権分立を唱えたのはロックである。
5：直接民主制を唱えたのはルソーである。

自由や平等といった人が生まれながらにしてもつ権利（自然権）を守るために国家と契約を結ぶことを社会契約説といいます。
人は政府のない自然状態ではどうなるかを仮定し、政府とどのような契約を結ぶのか考えられました。

また、国家の権力を分立させることで権力の集中を防ぐ権力分立論を唱える思想家も現れました。

答え：2

社会契約説と権力分立は、思想家・著作・キーワードを中心に押さえていきましょう。

社会契約説

思想家名	著作名	キーワード
ホッブズ	リヴァイアサン	自然状態：万人の万人に対する闘争状態
ロック	市民政府二論	抵抗権、二権分立
ルソー	社会契約論	一般意志、直接民主制

権力分立

思想家名	著作名	キーワード
ロック	市民政府二論	抵抗権、二権分立
モンテスキュー	法の精神	三権分立

次のうち、社会権に属するものはどれか。

1. 裁判を受ける権利　2. 職業選択の自由　3. 教育を受ける権利
4. 法の下の平等　5. 刑事補償請求権

1：請求権に属する権利である。
2：自由権に属する権利である。
4：平等権に属する権利である。
5：請求権に属する権利である。
基本的人権の問題は各種人権の分類と各権利に付随する制度や法律について出題されます。
また、憲法に明記されていない新しい人権も同時に出題されます。

答え：3

例題

次のうち、「知る権利」はどの人権に属するか。
1. 新しい人権
2. 自由権
3. 社会権
4. 参政権
5. 請求権

知る権利は、憲法に明記されていない新しい人権の1つです。

答え：1

人権をしっかり分類できるようにしていきましょう！

基本的人権の種類

自由権	身体の自由	奴隷的拘束からの自由など
	精神の自由	思想・良心の自由、信教の自由など
	経済の自由	職業選択の自由、財産権など
平等権	法の下の平等	
社会権	生存権、教育を受ける権利、勤労の権利、労働三権など	
参政権	選挙権、被選挙権、国民投票など	
請求権	裁判を受ける権利・損害賠償請求権・刑事補償請求権など	

新しい人権

プライバシーの権利	知る権利
自己決定権	環境権
肖像権	

など

次のうち、国会の仕事にあたるものはどれか。

1. 条約の締結　2. 予算の議決　3. 違憲立法審査権
4. 恩赦の決定　5. 最高裁判所長官の指名

解説

1：内閣の仕事である。
3：裁判所の仕事である。
4：内閣の仕事である。
5：内閣の仕事である。
国会の問題は、国会の仕事、衆議院・参議院について、国会の種類などが多く出題されます。また、今回の仕事の問題のように他機関と混同させている問題もあり、整理して覚えることが求められます。

答え：2

次のうちの内閣の仕事に当たるものの組合せとして妥当なものはどれか。
ア：法律の執行　イ：条約の承認　ウ：弾劾裁判所の設置
エ：予算の提出　オ：国務大臣の任命

1. ア・ウ
2. ア・エ
3. イ・ウ
4. イ・エ
5. イ・オ

イ：国会の仕事

ウ：国会の仕事

オ：内閣総理大臣の仕事

内閣総理大臣の仕事として、国務大臣の任命・罷免、内閣を代表して議案を国会に提出する権利や行政各部の指揮監督などがあります。

答え：2

それぞれの仕事をまず分類できるようにしましょう。国会と内閣は関わりが深く似ている仕事が多いため、要注意！

国会の仕事

条約の**承認**	内閣不信任決議（**衆議院のみ**）
法律の**制定**	憲法改正の発議
内閣総理大臣の指名	国政調査権
予算の**議決**	弾劾裁判所の設置

内閣の仕事

法律の**執行**	政令の制定
条約の**締結**	国事行為への助言と承認
予算の**提出**	など

毎年１月から150日間開かれる国会は次のうちどれか。

1. 通常国会
2. 臨時国会
3. 特別国会
4. 緊急集会
5. 当てはまるものはない。

解説

通常国会は、毎年１月から150日間開かれ、予算の審議などが行われるものです。

答え：1

日本の国会に関する次の記述のうち、妥当なものはどれか。

1. 条約の承認、予算案の議決は衆議院に先議権がある。
2. 予算について衆議院と参議院が異なった議決をした場合に、両院協議会は開いても開かなくてもどちらでもよい。
3. 通常国会は、毎年４月から150日間開催され、その年の予算などについて議論がされる。
4. 緊急集会は、衆議院解散中に緊急の必要がある場合、参議院が内閣に要求し、開催される。
5. 衆議院の解散による総選挙後30日以内に召集される国会は特別国会である。

1. 衆議院に先議権があるのは予算案の議決のみである。
2. 予算案については、衆議院と参議院で意見が食い違ったとき、必ず両院協議会を開く必要がある。
3. 通常国会は、毎年1月から150日間開催される。
4. 緊急集会は内閣の求めに応じて参議院が開催するものである。

国会の問題はこのように日数・賛成数など数字による間違いが多くなってきます。数字に着目をして暗記をしていくことが効率的な学習になってきます。

答え：5

選挙の後に開かれる国会は、臨時国会と特別国会の２種類あるため、それぞれの条件を把握しておきましょう。

国会の種類

通常国会	毎年１月に150日の会期で開催される
臨時国会	①内閣が招集を決定したとき ②いずれかの議院の総議員の1/4以上の要求 ③いずれかの議院の通常選挙後
特別国会	衆議院の解散総選挙後、30日以内に開催される
緊急集会	衆議院解散中に国に緊急事態が発生したとき、内閣の請求によって参議院だけで開催される

内閣は内閣総理大臣と国務大臣から構成され、内閣総理大臣は【A】の中から指名され、国務大臣は【B】国会議員でなければならない。

	A	B
1.	衆議院	全員
2.	衆議院	過半数以上
3.	衆議院	1/3以上
4.	国会議員	全員
5.	国会議員	過半数以上

内閣の組織に関する問題となっています。それぞれ条件が重要になってきます。就任条件として、衆議院ではなく、国会議員であることは頻出の間違い選択肢となりますので、正確に整理をする必要があります。

答え：5

次のうち、日本の内閣の内容として正しいものはどれか。

1. 国務大臣は、国会からの指名で選ばれる。
2. 国務大臣は、全員が衆議院議員でなければならない。
3. 衆議院・参議院それぞれ過半数以上の賛成によって、内閣総理大臣の不信任を決議することができる。
4. 内閣総理大臣は文民でなければならない。
5. 国務大臣は過半数が文民でなければならない。

1. 国務大臣は、内閣総理大臣によって任命されます。
2. 日本の場合、国務大臣は、過半数以上が国会議員であることが条件です。
3. 内閣総理大臣の不信任決議は衆議院だけが行うことができる権利です。
5. 国務大臣は全員が文民(軍人でない人)であることが条件です。

答え：4

国務大臣は日本とイギリスの条件が間違い要素になるので、注意しましょう。

日本：過半数が国会議員　イギリス：全員が国会議員

日本の内閣の構成

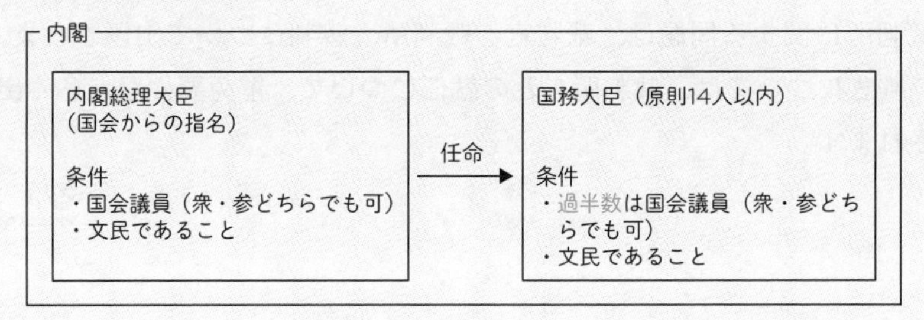

裁判官についての記述のうち、誤っているものはどれか。

1. 最高裁判所の裁判官は、内閣によって任命される。
2. 最高裁判所の裁判官は、任命後初の衆議院総選挙と以降10年経過ごとに国民審査を受ける。
3. 裁判官に著しい職務違反や重大な非行があった場合、内閣に設置される弾劾裁判所にて裁かれる。
4. 心身の故障により、職務を全うすることができないと裁判所で判断された場合、罷免される。
5. 裁判官は在任中、報酬が減額されないことが保障されている。

解説

3. 弾劾裁判所は内閣ではなく国会に設置される。
裁判所に関する問題は、裁判官、裁判所、裁判について出題されます。裁判官については、裁判所ごとの就任について、罷免要件など多く出題されます。

答え：3

次のうち、現在の日本にない裁判所はどれか。

1. 最高裁判所
2. 高等裁判所
3. 行政裁判所
4. 家庭裁判所
5. 簡易裁判所

現在の日本にある裁判所は最高裁判所・高等裁判所・地方裁判所・家庭裁判所・簡易裁判所の５つです。高等・地方・家庭・簡易裁判所は、下級裁判所としてまとめられることもあります。

答え：3

裁判官の罷免は３パターン。４択問題の場合、間違い選択肢を作れば問題が完成します。
確実に押さえておきましょう！

裁判官の罷免

- **心身の故障**により、職務を全うすることができないと裁判所で判断された場合
- 裁判官に著しい職務違反や重大な非行があったとき、国会に設置される**弾劾裁判所**で罷免となった場合
- 最高裁判所裁判官のみ**国民審査**にて過半数以上の罷免を可とされた場合

国民審査は、任命後初の衆議院議員総選挙のときとそれ以降10年経過ごとの衆議院議員総選挙に受けることになっています。

都道府県・市町村の首長の被選挙権を有するのは何歳以上か。

	都道府県	市町村
1.	25歳	25歳
2.	30歳	25歳
3.	30歳	30歳
4.	35歳	30歳
5.	35歳	25歳

地方自治の問題は、組織、直接請求権、財政、事務について多く出題されます。ここは要点をしっかりまとめておきましょう。今回のような年齢の問題は衆議院・参議院議員も含めて出題されます。

答え：2

地方議会の解散請求の際に必要な署名数とその提出先の組合せとして正しいものはどれか。

	署名数	提出先
1.	1/3	首長
2.	1/3	監査委員会
3.	1/3	選挙管理委員会
4.	1/50	選挙管理委員会
5.	1/50	首長

直接請求権の種類と署名の必要数と提出先は頻出となりますので、こちらの表を参考に押さえてください。

直接請求権の署名数と提出先

請求名	必要署名数(割合)	署名提出先
条例の制定・改廃	1/50	首長
監査請求	1/50	監査委員
議会の解散	1/3	選挙管理委員会
首長・議員の解職	1/3	選挙管理委員会
主要な公務員の解職	1/3	首長

答え：3

被選挙権の年齢は参議院議員と都道府県首長が30歳以上、それ以外は25歳以上と覚えておきましょう。

衆議院議員：25歳
参議院議員：30歳
都道府県首長：30歳
都道府県議会議員：25歳
市町村首長：25歳
市町村議会議員：25歳

2 社会科学（経済）

これで解ける！

経済は為替の基本や財政政策・金融政策辺りからおさえていく。

例題

同種分野の企業同士が、価格や生産量などについて協定を結ぶことを何というか。

1. カルテル
2. フィランソロフィー
3. トラスト
4. コングロマリット
5. メセナ

解説

2. フィランソロフィー：企業が行う社会貢献活動や慈善事業
5. メセナ：企業が行う文化芸術支援活動

企業に関するものは、専門用語が数多く出てきます。
企業結合以外にも、企業の取組みも含まれる出題になりますので、用語の意味を把握するだけで得点に結びついてきます。

答え：1

以下の文で正しいものはどれか。

1. 企業同士で価格や生産量についての協定を結ぶことをコングロマリットという
2. 持株支配を通じて、企業の統制をしていくことをコンツェルンという
3. 企業が行う慈善事業をメセナという
4. 他国に独立した子会社を持ち、世界規模で活躍する企業を企業集団という
5. 異種分野の企業を合併して多角的経営を行うことをトラストという

解説

1. カルテルの説明です。
3. フィランソロフィーの説明です。
4. 多国籍企業の説明です。
5. コングロマリットの説明です。

答え：2

企業結合については、下線のキーワードを覚えるだけで判別可能となります。

・カルテル：同種分野の企業同士が、価格や生産量などについて協定を結ぶこと。
・トラスト：同種分野の企業が合併などで、1つの大きな企業になること。
・コンツェルン：様々な分野の企業を、持株支配などを通じて、統制すること。日本では財閥がこれにあたる。
・コングロマリット：異種分野の企業が買収・合併を通じて、多角的な経営を行うこと。

景気が停滞しているにもかかわらず、物価が上昇している状態を何というか。

1. スタグフレーション
2. コスト・プッシュ・インフレーション
3. デフレーション
4. ハイパー・インフレーション
5. ギャロッピング・インフレーション

解説

景気に関しては、インフレーションについての分類が問われます。
混同しやすいものが多くなりますので、名前と中身をしっかり把握するようにしてください。

答え：1

コスト・プッシュ・インフレーションの説明として、正しいものはどれか。

1. 総需要が総供給を上回り発生するインフレーション
2. 戦争や社会不安時に起こりやすく物価が年に何十倍も上昇するインフレーション
3. 物価が年に数十％上昇するインフレーション
4. 物価が年に数％上昇するインフレーション
5. 原材料費や賃金などが上昇して発生するインフレーション

1. ディマンド・プル・インフレーションの説明です。
2. ハイパー・インフレーションの説明です。
3. ギャロッピング・インフレーションの説明です。
4. クリーピング・インフレーションの説明です。

答え：5

物価変動

・インフレーション：物価が持続的に上昇すること。
・デフレーション：物価が持続的に下落すること。
・スタグフレーション：景気が停滞しているときに物価が上昇すること。

インフレーションの種類

・ディマンド・プル・インフレーション：総需要が総供給を上回り発生
・コスト・プッシュ・インフレーション：原材料費や賃金などの費用（コスト）が上昇して発生
・ハイパー・インフレーション：物価が年に何十倍も上昇し、戦争や社会不安時に起こりやすい
・ギャロッピング・インフレーション：物価が年に数十%上昇すること。
・クリーピング・インフレーション：物価が年に数%上昇すること。

次のうち、直接税にあたるものはどれか。

1. 相続税
2. 消費税
3. 酒税
4. 関税
5. たばこ税

解説

直接税は負担者と納税者が同じ税、間接税は負担者と納税者が異なる税です。
また、税は、国に納める国税と地方公共団体に納める地方税にも分類できます。

答え：1

次のうち、直接税かつ地方税に当てはまる税はどれか。

1. 所得税
2. 固定資産税
3. 消費税
4. 関税
5. 相続税

1. 所得税は、直接税で国税に属する税です。
3. 消費税は、間接税で国税に属する税です。
4. 関税は、間接税で国税に属する税です。
5. 相続税は、直接税で国税に属する税です。

答え：2

直接税と間接税、国税と地方税をそれぞれ対応するものに分けると税の種類は４つに分類されます。

	直接税	間接税
国税	所得税　法人税 相続税　贈与税	消費税　たばこ税　関税 酒税　自動車重量税
地方税	住民税　自動車税 事業税　固定資産税	地方消費税　地方たばこ税 ゴルフ場利用税

円安に関する次の記述のうち、正しいものはどれか。

1　円安とは、1ドル＝100円から1ドル＝80円になることである。
2　円安が進むと、輸入量が増加する。
3　円安が進むと、輸出量が増加する。
4　円安になると、輸入価格が下落する。
5　円安になると、海外旅行では、旅行費が安くなる。

解説

1. 円高の説明である。
2. 円安が進むと、輸出量が増加する。
4. 円安が進むと、輸入は不利になるため、価格も上昇する。
5. 円安になると、海外への旅行の費用は高くなる。

為替の基礎部分を逆にしてしまう方が多いので注意が必要となります。

円高：円の価値が上がること（1ドル＝100円→1ドル＝50円）
円安：円の価値が下がること（1ドル＝100円→1ドル＝150円）

答え：3

為替に関する次の記述のうち、正しいものはどれか。

1. 円高になると、輸入が有利になる。
2. 円安になると、エネルギー産業が好影響を受ける。
3. 円安になると、日本からの海外旅行客が増加する。
4. 円安になると、日本への外国人旅行客が減少する。
5. 円高になると、日本の自動車産業が好影響を受ける。

2. 円安は、輸入が不利になるため、輸入が多いエネルギー産業は悪影響を受けます。
3. 円安は、円の価値が下がるため、日本から海外に行く旅行客は減少します。
4. 円安は、円の価値が下がるため、海外から日本に来る旅行客は増加します。
5. 円高は、輸出が不利になるため、輸出が多い自動車産業は悪影響を受けます。

答え：1

円高と円安自体の理解だけでなく、それぞれで生じる影響まで把握しておきましょう。

円高の影響
輸出：不利　輸入：有利　海外旅行：有利　外国人旅行客：減少
好影響を受ける産業：エネルギー産業や輸入産業

円安の影響
輸出：有利　輸入：不利　海外旅行：不利　外国人旅行客：増加
好影響を受ける産業：自動車などの輸出産業

01 人文科学

［頻出度］
SPI ×
SCOA ◎
light △
社会人基礎 △

1 人文科学（日本史・世界史）

これで解ける！

SCOAでは、歴史の流れが把握できなくても人物名・出来事名・簡単な内容を整理してまとめておくだけでも得点につながっていきます。

1467年、足利義政の跡継ぎ争いを発端にして、細川勝元と山名持豊を中心として争った戦いはどれか。

1. 保元の乱
2. 壇ノ浦の戦い
3. 承久の乱
4. 応仁の乱
5. 長篠の戦い

1467年、室町幕府８代目将軍の足利義政の跡継ぎ争いを発端にして、細川勝元と山名持豊を中心として争った戦いです。争いは全国に広まり、「下剋上」の世の中となり、戦国時代に突入しました。

答え：4

日本国内で起きた主な戦い

壬申の乱	飛鳥時代	大友皇子と大海人皇子による**天智天皇の跡継ぎ争い**
保元の乱	平安時代	**後白河天皇**と**崇徳上皇**による跡継ぎ争い。源氏と平氏も参加
平治の乱	平安時代	**平清盛**と**源義朝**の対立と藤原氏の権力争いによる戦
壇ノ浦の戦い	平安時代	源氏による平氏滅亡に至った**治承・寿永の乱**の最後の戦い
承久の乱	鎌倉時代	**後鳥羽上皇**が**北条義時**の追討のために起こした争い
桶狭間の戦い	安土桃山時代	**織田信長**と**今川義元**との戦い。織田信長が勝利を収めた
長篠の戦い	安土桃山時代	織田信長と武田勝頼の戦いで、織田信長が**鉄砲**を使用して勝利を収めた
関ヶ原の戦い	安土桃山時代	**徳川家康**と**石田三成**による戦い。この戦いを契機に江戸時代に向かっていく
島原の乱	江戸時代	**天草四郎**を中心とする隠れキリシタンによる反乱
戊辰戦争	明治時代	新政府軍と旧幕府軍による一連の戦い（鳥羽伏見の戦い、箱館戦争など）

極端な動物愛護の法令である生類憐みの令を出したり、朱子学を振興した人物は誰か。

1. 徳川家康
2. 徳川家光
3. 徳川綱吉
4. 徳川吉宗
5. 徳川慶喜

徳川綱吉は、側用人に柳沢吉保をおき、政治を担当させ、生類憐みの令などを出し、幕政に混乱をもたらしました。また、荻原重秀の進言で元禄金銀を鋳造し、物価高騰をもたらしました。

答え：3

享保の改革を行った人物として妥当なものはどれか。

1. 徳川綱吉
2. 徳川家綱
3. 徳川吉宗
4. 水野忠邦
5. 松平定信

享保の改革は８代目将軍の徳川吉宗によって行われた改革です。
松平定信の寛政の改革、水野忠邦の天保の改革と合わせて三大改革となっています。

答え：3

歴史上の人物とその人物に関連する事項をまとめておきましょう。

江戸幕府将軍と関連事項

将軍名	関係事項
徳川家康	関ヶ原の戦い、武家諸法度
徳川秀忠	武家諸法度（元和令）、一国一城令、禁中並公家諸法度
徳川家光	武家諸法度（寛永令）、参勤交代、鎖国令、島原の乱
徳川家綱	末期養子の禁の緩和、殉死の禁止
徳川綱吉	生類憐みの令、元禄金銀の鋳造
徳川吉宗	享保の改革（目安箱・上げ米の制・足高の制・公事方御定書）
徳川慶喜	大政奉還

世界恐慌後、アメリカの経済を回復させるためにニューディール政策を行ったアメリカ大統領は誰か。

1. ジョージ＝ワシントン
2. エイブラハム＝リンカーン
3. セオドア＝ルーズベルト
4. フランクリン＝ルーズベルト
5. ジョン＝F＝ケネディ

解説

フランクリン＝ルーズベルトは、公共事業の拡大など政府が積極的に経済に介入をしていくニューディール政策によって、世界恐慌による混乱した経済の立て直しを図りました。
また、第二次世界大戦時にも大統領に在任していました。

答え：4

ニクソン大統領の時期に起きた出来事として妥当なものはどれか。

1. 南北戦争
2. ポーツマス条約
3. 第一次世界大戦
4. キューバ危機
5. ドル＝ショック

ニクソン大統領は、1969〜74年に在任しており、在任中はベトナム戦争の最中であり、経済の悪化により、金とドルの交換停止(ドル＝ショック)に陥りました。これを機に固定為替相場制から変動為替相場制へと移りました。米軍のベトナム撤退を行いましたが、ウォーターゲート事件により、辞任しています。

答え：5

主なアメリカ大統領

	名前	関連事項
初代	ジョージ＝ワシントン	
3代	ジェファソン	独立宣言の起草
5代	モンロー	モンロー教書
16代	リンカーン	南北戦争、奴隷解放宣言
26代	セオドア＝ルーズベルト	ポーツマス条約仲介
28代	ウィルソン	第一次世界大戦参戦、平和十四原則、国際連盟設立の提唱
33代	トルーマン	ポツダム宣言、トルーマン＝ドクトリン(対ソ封じ込め)
35代	ジョン＝F＝ケネディ	キューバ危機
37代	ニクソン	ドル＝ショック、ウォーターゲート事件
40代	レーガン	双子の赤字
41代	ブッシュ(父)	マルタ会談(冷戦終結)、湾岸戦争

トスカナ語にて「神曲」を書いた人物は誰か。

1. ダンテ
2. シェイクスピア
3. ボッカチオ
4. セルバンテス
5. エラスムス

解説

ダンテは「神曲」という作品をトスカナ語にて書きました。当時は、一部の知識人しか読むことができないラテン語で本は書かれていましたが、それを多くの人が使うトスカナ語にて書いたことで、ルネサンスという文化潮流の先駆けとなりました。

答え：1

ミケランジェロの作品として妥当なものはどれか。

1. デカメロン
2. 春
3. 最後の晩餐
4. 最後の審判
5. 聖母子像

1. デカメロンはボッカチオの著作である。
2. 春はボッティチェリの作品である。
3. 最後の晩餐はレオナルド＝ダ＝ヴィンチの作品である。
5. 聖母子像はラファエロの作品である。

答え：4

ルネサンス期の主な芸術家

文芸

芸術家	作品名
ボッカチオ	デカメロン
シェイクスピア	ハムレット、ヴェニスの商人、ロミオとジュリエット
セルバンテス	ドン・キホーテ
トマス＝モア	ユートピア
エラスムス	愚神礼賛
ラブレー	ガルガンチュアとパンタグリュエル物語

芸術

芸術家	作品名
ボッティチェリ	春、ヴィーナスの誕生
ミケランジェロ	最後の審判、ダヴィデ像
レオナルド＝ダ＝ヴィンチ	最後の晩餐、モナ＝リザ
ラファエロ	聖母子像
ブリューゲル	農民の踊り

2 人文科学（地理）

これで解ける！

地理分野では、日本地理・世界地理ともに、それぞれ中学～高校レベルの基礎的な内容が出題されます。

新潟県を流れる日本で一番長い河川はどれか。

1. 信濃川
2. 利根川
3. 木曽川
4. 北上川
5. 淀川

解説

日本で一番長い河川は信濃川、日本で一番流域面積が広い河川は利根川です。

世界で一番長い河川はナイル川、世界で一番流域面積が広い河川はアマゾン川です。

答え：1

河川・半島・山脈・海流は地図の中で大まかに把握しておきましょう。

日本の大きな河川

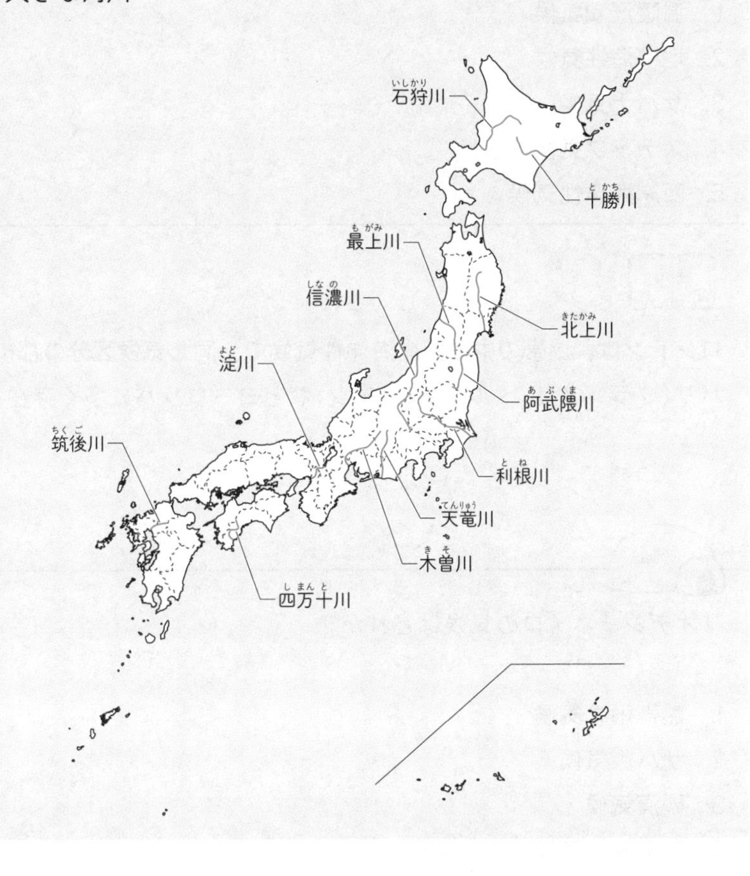

ロンドンの気候はどれか。

1. 温暖湿潤気候
2. 地中海性気候
3. サバナ気候
4. ステップ気候
5. 西岸海洋性気候

解説

ロンドンは、温帯の中の西岸海洋性気候で、同じ気候区分の都市として、パリ(フランス)、ベルリン(ドイツ)などヨーロッパに多く存在します。

答え：5

リオデジャネイロの気候はどれか。

1. 熱帯雨林気候
2. サバナ気候
3. 砂漠気候
4. ステップ気候
5. 温暖湿潤気候

解説

ブラジルのリオデジャネイロは、タイのバンコクと同じように乾季と雨季が明確なサバナ気候です。

答え：2

主な気候区分を下のようにまとめました。冷帯より寒い寒帯という区分もありますが、人が住むのに適していないため、今回のような問題の場合は、熱帯〜冷帯を区別できればOKです。

気候区分		特徴	都市
熱帯	熱帯雨林気候(Af)	年中高温多雨、スコール	クアラルンプール(マレーシア)など赤道直下の都市に多い
	サバナ気候(Aw)	雨季と乾季にわかれる	リオデジャネイロ(ブラジル) バンコク(タイ)
乾燥帯	砂漠気候(BW)	降水量が極端に少ない 気温の日較差が非常に大きい	カイロ(エジプト) ドバイ(アラブ首長国連邦)
	ステップ気候(BS)	短い雨季がある	ウランバートル(モンゴル)
温帯	地中海性気候(Cs)	夏乾燥・冬湿潤 柑橘類、オリーブ、ぶどう	ローマ(イタリア) ロサンゼルス(アメリカ)
	温暖湿潤気候(Cfa)	季節風の影響で四季の変化が明確	東京 ブエノスアイレス(アルゼンチン)
	西岸海洋性気候(Cfb)	偏西風の影響で年中湿潤 夏比較的涼しく冬は暖かい	ロンドン(イギリス) パリ(フランス)
冷帯	冷帯湿潤気候(Df)	寒いが年間を通して降水がある	札幌 モスクワ(ロシア)

自然科学

［頻出度］
SPI ×
SCOA ○
light △
社会人基礎 ×

1 自然科学（生物・地学）

これで解ける！

人文科学同様、広範囲にわたって出題がされています。生物と地学は暗記をするだけで解決するため、理科から離れている人は自然科学の中でも生物と地学から押さえていくとよいでしょう。

種子植物についての記述として正しいものはどれか。

1. 葉の表皮には葉緑体がある。
2. 葉、根や茎に通っている道管は水分が通る管である。
3. 葉緑体で行われる光合成では、酸素を使って二酸化炭素とデンプンを生成する。
4. 双子葉類の葉における葉脈は平行脈である。
5. 孔辺細胞には葉緑体はない。

解説

1. 表皮細胞には葉緑体はなく、孔辺細胞などに存在します。
3. 光合成は二酸化炭素＋水＋光を使い、酸素＋デンプン(栄養)を生成します。
4. 双子葉類の葉脈は、網状脈です。
5. 孔辺細胞には葉緑体が含まれています。

種子植物は葉・茎・根の構造と器官ごとの役割を簡単に押さえていくことが重要となります。また、種子植物は子葉の枚数によって、単子葉類と双子葉類に分かれ、構造も異なるため、注意が必要となります。

答え：2

光合成で作られた養分を運ぶ植物内の器官はどれか。

1. 葉緑体　2. 道管　3. 師管　4. 表皮　5. 気孔

1. 葉緑体は、光合成を行う場所である。
2. 道管は、根から吸い上げた水分や養分を運ぶ管である。
4. 表皮は、葉の表面部分である。
5. 気孔は、孔辺細胞によって生じるすき間で、気体が出入りする場所である。

答え：3

単子葉類と双子葉類で、葉の断面図の違いはないため、共通して知識として使うことができます。

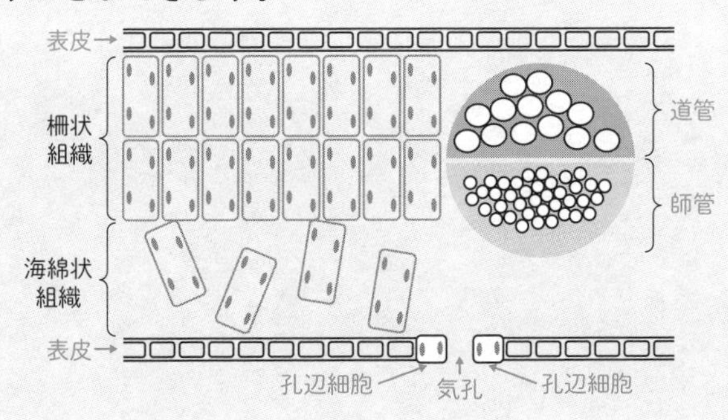

せきつい動物についての記述として正しいものはどれか。

1. せきつい動物は、両生類→魚類→爬虫類→鳥類→ほ乳類の順番で登場した。
2. 魚類と爬虫類はえら呼吸をしている。
3. ほ乳類と爬虫類は胎生である。
4. ほ乳類と鳥類は恒温動物である。
5. イルカは胎生であるが、シャチは卵生である。

解説

1. せきつい動物は魚類→両生類→爬虫類→鳥類→ほ乳類の順番で誕生しました。
2. えら呼吸をしているのは、魚類と両生類(幼体)です。
3. 胎生はほ乳類だけです。
5. シャチもほ乳類のため、胎生です。

せきつい動物は背骨をもつ動物のことであり、ほ乳類・鳥類・爬虫類・両生類・魚類に分けられます。背骨がない動物は無せきつい動物といわれ、軟体動物や節足動物などがここに含まれます。

答え：4

次の中で、胎生の動物はどれか。

1. サメ
2. サンショウウオ
3. ヤモリ
4. ペンギン
5 シャチ

胎生はほ乳類の特徴であり、この中ではほ乳類なのはシャチです。サメは魚類、サンショウウオは両生類、ヤモリは爬虫類、ペンギンは鳥類で、すべて卵生です。

答え：5

今回のように、代表的な動物は紛らわしいものを中心に押さえていきましょう。

	魚類	両生類	爬虫類	鳥類	ほ乳類
呼吸方法	**えら**	幼生：**えら** 成体：肺・皮膚	肺	肺	肺
繁殖形態	卵生	卵生	卵生	卵生	**胎生**(カモノハシとハリモグラは卵生)
体温	変温動物	変温動物	変温動物	**恒温動物**	**恒温動物**
体表	うろこ	皮膚(粘膜)	うろこ	羽毛	毛
代表例	サメ・フグ・サケなど	カエル・**イモリ**・サンショウウオなど	ヘビ・ワニ・**ヤモリ**・トカゲなど	カラス・ダチョウ・**ペンギン**など	サル・**クジラ**・**イルカ**・**シャチ**・**コウモリ**など

太陽系について正しいものはどれか。

1. 太陽系の惑星で太陽から最も離れているのは海王星である。
2. 金星は酸化鉄を多く含み赤く見える。
3. 土星は太陽系で最も大きい惑星である。
4. 月は太陽系で最も小さい惑星である。
5. 木星は太陽系で2番目に大きい惑星である。

2. 火星に関する文です。
3. 太陽系で最も大きい惑星は木星です。
4. 月は惑星ではなく、地球の衛星です。
5. 土星に関する文です。

太陽系は、太陽とそのまわりを回っている惑星、小惑星、彗星、衛星などの天体の集まりのことです。

太陽系の惑星の種類と特徴を把握したうえで、衛星などその他の天体の種類を押さえていきましょう。

答え：1

惑星：太陽を中心に公転している天体
衛星：惑星を中心に公転している天体（例：月）

惑星の種類
太陽に近い順に……
水星・金星・地球・火星・木星・土星・天王星・海王星（水金地火木土天海）

名前	関連事項
水星	太陽系の中で最も小さい
金星	二酸化炭素に覆われている惑星。地球に最も近い
地球	太陽系で最も密度がある
火星	水の痕跡があり、地表の酸化鉄から赤く見える
木星	太陽系で最も大きい
土星	太陽系で２番目に大きく、周りに大きな環を持っている
天王星	自転軸が大きく傾いている
海王星	深い青色をしている

地震についての記述として正しいものはどれか。

1. 地震が発生した場所の真上の地表を震源という。
2. 地震のエネルギーの大きさを震度という。
3. 震度は全部で10段階になる。
4. 地震の際、後からくる横波をP波という。
5. P波の到達による揺れを主要動という。

1. 震央の説明。震源は地震が発生した地点の地下を表します。
2. マグニチュードの説明。震度は揺れの大きさを表したものです。
4. S波の説明。P波は、地震の際、最初に来る縦波です。
5. 主要動はS波による揺れであり、初期微動の後に起こるものです。

地震は、最初P波という縦波から引き起こされる初期微動の後、S波という横波から引き起こされる主要動によって成り立っています。その規模の大きさはマグニチュードにて表され、その揺れの大きさは震度にて表されます。

答え：3

地震の原因には地下にあるプレートが大きく関わってきます。用語だけでなく、発生の原因とプレートの位置まで押さえましょう。

海溝型地震：プレートの境界を震源とする地震

内陸型地震：断層のズレによる地震

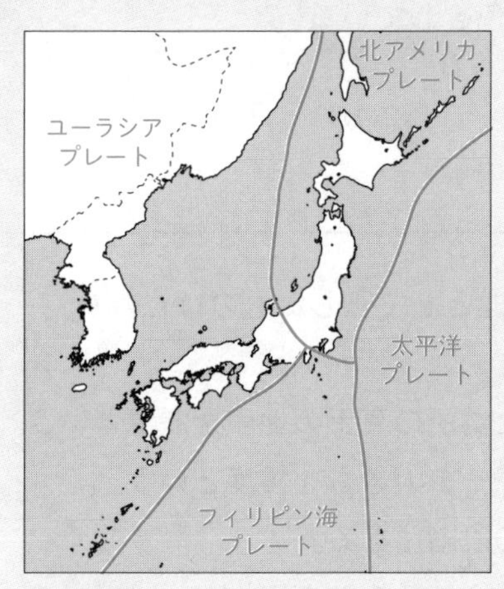

2 自然科学（物理・化学）

これで解ける！

物理や化学は、知識を問われるものだけでなく、簡単な計算問題が出ることもあります。
基本的な公式をしっかり押さえておきましょう！

燃焼の化学反応式として正しくないものはどれか。

1. $2H_2+O_2 \rightarrow 2H_2O$
2. $C+O_2 \rightarrow CO_2$
3. $S+O_2 \rightarrow SO_2$
4. $2Mg+O_2 \rightarrow 2MgO$
5. $Cu+O_2 \rightarrow CuO$

5は銅を燃焼して、酸化銅が作られる式ですが、正しくは、$2Cu+O_2 \rightarrow 2CuO$となります。
燃焼（酸化）の化学反応式とは、とある物質に酸素（O_2）が追加されることによる反応を式化したものです。
同様に還元の化学反応式は、とある物質から酸素が取り除かれる反応を式化したものになります。
例：$CuO+H_2 \rightarrow Cu+H_2O$　（酸化銅に水素を加えると、酸化銅から酸素が取り除かれ、銅と水になります）

答え：5

化学反応式の作り方

❶ 日本語で書いてみる　水素＋酸素→水

❷ 化学式にする　$H_2+O_2 \rightarrow H_2O$

❸ 元素記号を書いてみる

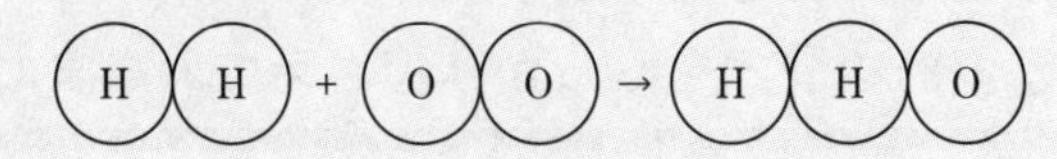

※左右でOの数が異なっている

❹ 左右の元素数をそろえる

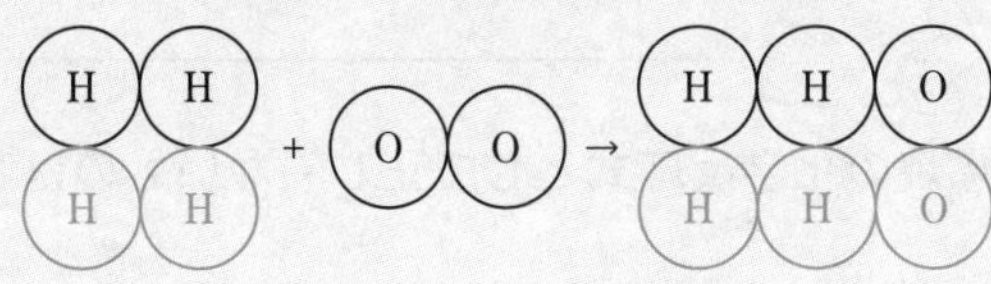

※水素を増やすことで、完成後の水を増やし、数が一致する

※水分子は構造的にH－O－Hの並び

❺ 化学式に直す　$2H_2+O_2 \rightarrow 2H_2O$

化学反応式は、**左右の元素数をそろえてあげる**ことが最重要ポイントとなります！

6Ωの抵抗と12Ωの抵抗を並列に接続した場合の合成抵抗値は？

1. 4Ω
2. 6Ω
3. 18Ω
4. 24Ω
5. 72Ω

AとBの並列回路における抵抗は、$\frac{A \times B}{A+B}$にて求められます。よって、

$\frac{6 \times 12}{6+12}=4\Omega$という計算式にて求めることができます。

また、AとBの直列回路における抵抗は、A+Bで求められます。

答え：1

8Ωの抵抗と13Ωの抵抗を直列に接続した場合の合成抵抗値はどれか。

1. 5Ω
2. 8Ω
3. 13Ω
4. 21Ω
5. 104Ω

AとBの直列回路における抵抗はA+Bで求めることができます。

よって、8 +13=21Ωとなります。

答え：4

電流・電圧・抵抗はそれぞれ簡単な計算にて求めることができます。

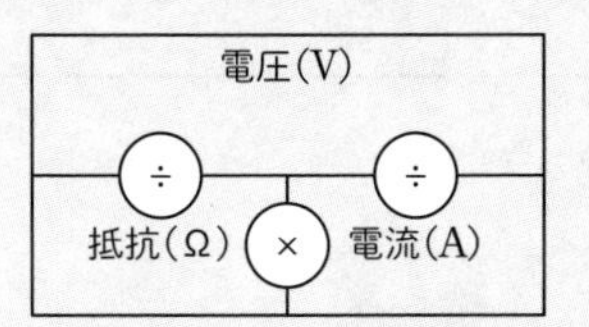

電圧＝抵抗×電流
抵抗＝電圧÷電流
電流＝電圧÷抵抗

また、解説で述べたように求めた抵抗は回路ごとに合成抵抗値の求めた方が違います。

❶ 直列回路

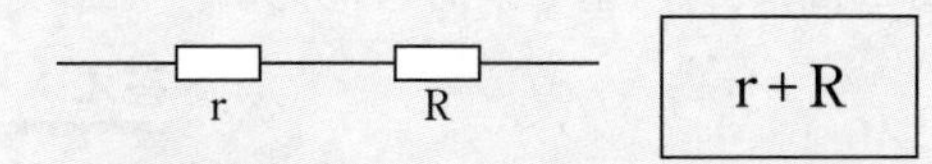

$$r+R$$

❷ 並列回路

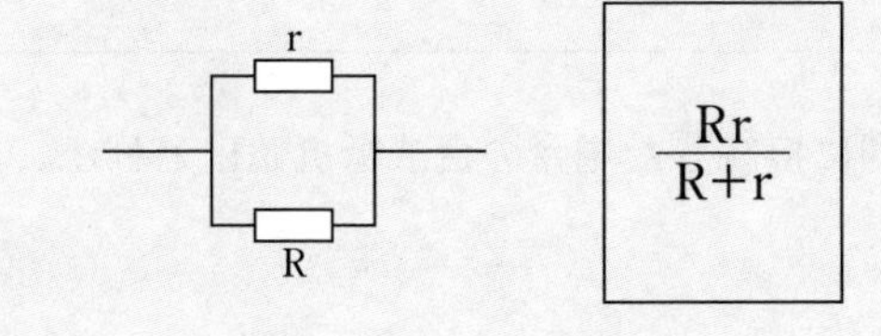

$$\frac{Rr}{R+r}$$

第4章

言語分野

科目

言語分野（全5節）

01 二語関係

［頻出度］
SPI ○
SCOA ○
light △
社会人基礎 △

これで解ける！

単語の関係にはパターンがあるため、記号を使い分類することで速やかに解けます。

最初に提示された二語の関係と等しいものを選びなさい。

ギター：演奏
ア　包丁：調理
イ　ハサミ：カッター
ウ　甘酒：米

解説

ギターは演奏するためのものなので、ギター→演奏となり、役割関係になります。

ア：包丁は調理するためのものなので、包丁→調理となり、役割関係になります。

イ：ハサミとカッターは同じ文房具と分類できるので、ハサミ―カッターとなり、並列関係になります。

ウ：甘酒は米を原料として作られるので、甘酒m米となり、原料関係になります。

答え：ア

二語関係は、７つのパターンに分かれるので、記号をつけるなどして速やかに判断していきましょう！

関係	内容	例	記号例
同意関係	同じ意味の言葉	習慣：風習	習慣＝風習
反対関係	反対の意味の言葉	一瞬：永遠	一瞬⇔永遠
包含関係	左右の一部に含まれる	動物：キリン 中国：アジア	動物＞キリン 中国＜アジア
役割関係	役割や行動を表す「○○は□□する」のように主語述語の関係にしやすい	医者：診察	医者→診察
原料関係	原料と完成品の関係	バター：牛乳	バターm牛乳 ※「Make」のmから
並列関係	同じカテゴリーで分けられるもの	ドラム：ピアノ	ドラム―ピアノ
セット関係	一緒に使われるもの	針：糸	針＆糸

※どれにも当てはまらないパターンも稀にあるため注意してください。

基本問題1

最初に提示された二語の関係と等しいものを選んだ場合、正しい記述となっているものを下のA～Hから答えなさい。

①畳：いぐさ
ア　新聞：紙
イ　ライオン：動物
ウ　ペン：筆記

②無限：永遠
ア　節約：質素
イ　潜在：顕在
ウ　推測：推考

A：アだけ　B：イだけ　C：ウだけ　D：アとイ　E：アとウ
F：イとウ　G：アとイとウ　H：いずれでもない

左の語が最初に提示された二語の関係と同じ関係となるようにア～オから選びなさい

③家具：タンス
バス
ア：輸送
イ：バス停
ウ：自動車
エ：夜行バス
オ：トラック

④意欲的：受動的
本質的
ア：二義的
イ：普遍的
ウ：画期的
エ：客観的
オ：革新的

解説

①

畳といぐさは原料関係となっており、アの新聞と紙が同様の関係となっています。

イ：ライオン<動物の包含関係となっています。

ウ：ペン→筆記の役割関係となっています。

答え：A

②

無限と永遠では同意語の関係になっており、アの節約と質素、ウの推測と推考も同様となります。

イ：「内に潜む」の意味の潜在と、「はっきりと形に現れる」の意味の顕在では反対の意味になっています。

答え：E

③

ア：バス→輸送の役割関係となっています。

イ：バス＆バス停のセット関係となっています。

ウ：バス＜自動車の包含関係となっているが、題と左右の関係が逆になっています。

オ：バス―トラックの乗り物による並列関係となっています。

答え：エ

④

「積極的」の意味の意欲的と「消極的」の意味の受動的は反対の意味になっており、本質的の反対の意味になるのが、二義的となります。

答え：ア

基本問題2

最初に提示された二語の関係と等しいものを選びなさい。

① テニス：ラケット
ア えんぴつ：消しゴム
イ バスケ：野球
ウ 食事：箸
エ いずれも当てはまらない

② 本：紙
ア マグロ：魚
イ チョコレート：カカオ
ウ ピアノ：バイオリン
エ いずれも当てはまらない

③ 質素：華美
ア 需要：供給
イ 危険：深刻
ウ 水泳：運動
エ いずれも当てはまらない

④ 委細：詳細
快活 ア：陰鬱
イ：活力
ウ：明朗
エ：快速
オ：温厚

最初に提示された二語の関係と等しいものの組み合わせを1～4のうちから選びなさい。

⑤　校則：規則

ア　トマト：野菜

イ　ピザ：パスタ

ウ　バス：自動車

1. アとイ
2. イとウ
3. アとウ
4. いずれも当てはまらない

①

テニスとラケットは、テニス→ラケットという役割関係を表しています。

ア：えんぴつ&消しゴムとなり、セット関係を表しています。

イ：バスケ―野球となり、並列関係を表しています。

ウ：食事→箸となり、役割関係を表しています。

よって、正解はウとなります。

答え：ウ

②

本と紙は、本m紙という原料関係を表しています。

ア：マグロ<魚となり、包含関係を表しています。

イ：チョコレートmカカオとなり、原料関係を表しています。

ウ：ピアノ―バイオリンとなり、並列関係を表しています。

よって、正解はイとなります。

答え：イ

③

質素と華美は、質素⇔華美という反対関係を表しています。

ア：需要⇔供給となり、反対関係を表しています。

イ：危険＝深刻となり、同意関係を表しています。

ウ：水泳<運動となり、包含関係を表しています。

よって、正解はアとなります。

答え：ア

④

委細と詳細は、委細＝詳細という同意関係になります。

快活と同意関係を表しているのは、明るく朗らかという意味を表す明朗が当てはまります。

答え：ウ

⑤

校則と規則は、校則<規則という包含関係になります。

ア：トマト<野菜の包含関係を表しています。

イ：ピザ―パスタの並列関係を表しています。

ウ：バス<自動車の包含関係を表しています。

よって、3が正解となります。

答え：3

02 熟語の意味

［頻出度］
SPI ○
SCOA ○
light ○
社会人基礎 ○

これで解ける！

漢字の意味から類推し、消去法を使うことで選択肢から正答を選んでください。

例題

下線部の言葉と意味が合致するものをア～オの中から1つ選びなさい。

目標を持ち、勉強を頑張ること

ア：履修

イ：向学

ウ：独学

エ：研究

オ：修養

ア：既定の学科や授業などを習い修めることです。

ウ：学校などに通わず、独力で学ぶことです。

エ：物事を詳しく調べたり学んでいき、事実などを明らかにすることです。

オ：知識を高め、品性を磨き、人格形成に努めることです。

答え：イ

知らない単語が出題されたときは、漢字自体から意味を考えることが重要になってきます。
その上で、間違い選択肢を削っていく消去法で正解に近づいていきましょう。
今回の場合、向学を知らなくても、ウの「独学」を「独り」と「学ぶ」と漢字の意味を抜き出し「独りで学ぶ」という意味に類推し、削っていくことで、正解の確率を上げることができます。
また、文章読解の練習時など知らない言葉を目にしたときに、調べる癖をつけ、日常的に語彙力を増やす小さな努力も重要になってきます。

基本問題1

① 最初に示された意味と最も合致する言葉を、A～Eの選択肢より選べ。

言いふらすこと
A 多弁
B 吹聴
C 雄弁
D 能弁
E 緘黙

② 最初に示された言葉と最も合致する意味を、A～Eの選択肢より選べ。

卑近
A 信用して近くに置くこと
B 最も近く、直接的な原因
C 時間や距離がすぐ近くであること
D 身近でありふれていること
E 自分の身のまわりに近いところから考えていくこと

①

A：よくしゃべることを表します。

C：人を感銘させるような、堂々たる弁舌を表します。

D：弁舌が巧みなことを表します。

E：おしだまることを表します。

答え：B

②

A：近親の説明です。

B：近因の説明です。

C：間近の説明です。

E：近思の説明です。

答え：D

基本問題2

言葉と意味が合致するものをア～オの中から1つ選びなさい。

①　工夫して考え出すこと。
ア　考案
イ　画策
ウ　創出
エ　研究
オ　策略

②　いやしくも
ア　けなげにも
イ　きっぱりと
ウ　かりにも
エ　唐突に
オ　貧しくても

③　一時の間に合わせ。その場の流れ。
ア　悠長
イ　姑息
ウ　陳腐
エ　常套
オ　亜流

④　合わせて一つにまとめること
ア　併合
イ　折衷
ウ　集合
エ　混合
オ　混同

⑤　晩成
ア　老獪
イ　遅鈍
ウ　成長
エ　漸進
オ　晩熟

解説

①
イ：ひそかに計画をするという意味の言葉です。
ウ：物事を新しく作り出すという意味の言葉です。
エ：物事を詳しく調べたりして、真理を追究するという意味の言葉です。
オ；目的達成のために図り事を巡らせるという意味の言葉です。

答え：ア

②
いやしくも(苟も)には仮にも・かりそめにもという意味があります。
よって、ウが正解となります。

答え：ウ

③　姑息は、本来「一時の間に合わせ」という意味です。
ア：態度や動きが落ち着いてゆっくりしているという意味の言葉です。
ウ：ありふれて面白みがないという意味の言葉です。
エ：いつもするありふれたという意味の言葉です。
オ：追随をしてまねるだけで新しさがないという意味の言葉です。

答え：イ

④

イ：異なったものの良いところを合わせるという意味の言葉です。

ウ：バラバラのものを寄せ集めるという意味の言葉です。

エ：異なった性質のものを混ぜるという意味の言葉です。

オ：区別しなければならないものを同一にするという意味の言葉です。

答え：ア

⑤

ア：経験を積んで悪賢いという意味の言葉です。

イ：行動が遅くてのろまなという意味の言葉です。

ウ：大きくなって育つという意味の言葉です。

エ：順を追ってだんだん進むという意味の言葉です。

答え：オ

03 熟語の成り立ち

[頻出度]
SPI ○
SCOA ○
light △
社会人基礎 △

これで解ける！

熟語の成り立ちにはパターンがあり、熟語を分解するか、文章にするかで分類することができます。

下記の熟語の成り立ちとして正しいものはどれか。

好悪

ア：主語と述語の関係にある

イ：動詞の後に目的語をおく

ウ：似た意味を持つ漢字を重ねる

エ：反対の意味を持つ漢字を重ねる

オ：前の字が後ろの字を修飾する

解説

好悪：好むことと憎むことの意味で、「悪」には憎むの意味があり、「好」と反対となります。

答え：エ

熟語の成り立ちは５パターンあるので、その５パターンを理解することがポイントです。

①似た意味の漢字を重ねる
（例）合併→「合わせる」「併せる」

②反対の意味を持つ漢字を重ねる
（例）大小→「大きい」「小さい」

③主語と述語の関係にある
（例）雷鳴→「雷」が「鳴る」

④動詞の前or後に目的語を置く
（例）登山→「山」に「登」る

⑤前の漢字が後ろの漢字を修飾する
（例）騒音→「騒」がしい「音」

漢字を分解してみることで①②が、文章にしてみることで③④⑤を判別することができます。

基本問題1

① 次の５つの熟語の成り立ち方として、当てはまるものをA～Dの中から１つずつ選べ。

ⅰ)直轄　ⅱ)公私　ⅲ)縮小　ⅳ)描画　ⅴ)詳細

A 似た意味を持つ漢字を重ねる
B 反対の意味を持つ漢字を重ねる
C 前の漢字が後の漢字を修飾する
D A～Cのどれにも当てはまらない

② 次の５つの熟語の成り立ち方として、当てはまるものをA～Dの中から１つずつ選べ。

ⅰ)柔軟　ⅱ)決議　ⅲ)利害　ⅳ)苦難　ⅴ)重症

A 似た意味を持つ漢字を重ねる
B 反対の意味を持つ漢字を重ねる
C 動詞の後に目的語をおく
D A～Cのどれにも当てはまらない

①

ⅰ)「直」接、取りまとめる(轄：物事を中心へ取りまとめる。)⇒C

ⅱ)「公(おおやけ)」と「私(わたし、こじん)」⇒B

ⅲ)「縮む」と「小さくなる」⇒A

ⅳ)「画(絵)」を、「描く」⇒D(動詞の後に目的語をおく)

ⅴ)「詳しく」、「細かく」⇒A

答え：ⅰ)⇒C　ⅱ)⇒B　ⅲ)⇒A　ⅳ)⇒D　ⅴ)⇒A

②

ⅰ)柔軟⇒「柔らかい」と「軟らかい」(どちらも、「やわらかい」)⇒A

ⅱ)決議⇒「議」を「決」定する⇒C

ⅲ)利害⇒「利益」と「損害」⇒B

ⅳ)苦難⇒「苦しい」と「難しい」⇒A

ⅴ)重症⇒「重」い「症」状⇒前の漢字が後の漢字を修飾する⇒D

答え：ⅰ)⇒A　ⅱ)⇒C　ⅲ)⇒B　ⅳ)⇒A　ⅴ)⇒D

基本問題2

下記の熟語の成り立ちとして正しいものはどれか。

① 心配
ア 主語と述語の関係にある
イ 動詞の前に目的語をおく
ウ 似た意味を持つ漢字を重ねる
エ 反対の意味を持つ漢字を重ねる
オ 前の字が後ろの字を修飾する

② 干満
ア 主語と述語の関係にある
イ 似た意味を持つ漢字を重ねる
ウ 反対の意味を持つ漢字を重ねる
エ 前の字が後ろの字を修飾する
オ ア～エのどれにも当てはまらない

③ 炎上
ア 主語と述語の関係にある
イ 似た意味を持つ漢字を重ねる
ウ 反対の意味を持つ漢字を重ねる
エ 前の字が後ろの字を修飾する
オ ア～エのどれにも当てはまらない

④ 熟睡
ア 主語と述語の関係にある
イ 動詞の前に目的語をおく
ウ 似た意味を持つ漢字を重ねる
エ 反対の意味を持つ漢字を重ねる
オ 前の字が後ろの字を修飾する

⑤　補佐
ア　主語と述語の関係にある
イ　動詞の前に目的語をおく
ウ　似た意味を持つ漢字を重ねる
エ　反対の意味を持つ漢字を重ねる
オ　前の字が後ろの字を修飾する

解説

①

「心」を「配る」という構成となっており、気を配るなどの意味の言葉になります。

答え：イ

②

「干す」と「満ちる」という反対の構成となっており、潮の満ち引きという意味の言葉になります。

答え：ウ

③

「炎」が「上がる」という主語と述語の構成になっており、炎が燃え上がるという意味の言葉になります。

答え：ア

④

「熟」は十分にという意味の漢字であり、十分に睡眠をとるという意味の言葉になります。よって、前の字が後ろの字を修飾しています。

答え：オ

⑤

「補」は補う、「佐」はたすけるの意味があります。よって、補うとたすけるで似た意味の言葉によって構成されています。

答え：ウ

04 語句の用法

［頻出度］

SPI	○
SCOA	×
light	×
社会人基礎	×

これで解ける！

下線の言葉を言い換えるか前後を見ることで選択肢を削ることができます。

下線部の語の意味に近いものを選びなさい。

大雨の降る夜

ア：彼の形見

イ：上司のようにやるのは難しい

ウ：氷のような冷たさ

エ：君の去った町

オ：夕焼けの空

「の」を「が」に置き換えることができる主格を表す「の」となります。

ア、ウ、オは、連体修飾格の「の」

イは、体言の代用の「の」

よって、エが正解となります。

答え：エ

語句の用法の問題は、２種類の出題パターンがあります。

①助詞・助動詞の用法

②同じ読み方で意味が違う言葉

①については、「**言い換えること**」と「**前後から判断**」にて解答することが可能です。

②も別の言葉に「言い換える」ことで解答できるものもあります。また、漢字の同音異義問題や慣用句の知識を使って解答することができます。

格助詞

で

用法	例
場所	バス停で待ち合わせる
時間	１日で完成する
手法・道具・材料	電車で向かう
原因・理由	雪で休校になる
主体	自分でやる
状態	はだしで歩く

と

用法	例
結果	私は医者となった
対象	彼女と親しくなった
比較	君とはやり方が違う
引用・考え	わーわーと叫ぶ 難しいと思う
並列	君と僕は幼馴染だ

に

用法	例
場所	アメリカにいる
目的地	家に帰る ※「に」を「へ」に置き換えられる
目標	外食に出かける
時間	夕方に待ち合わせる
原因	夕飯に悩む
結果	私は医者になった
動作主	親に叱られる
状態	ドロドロに溶ける
基準	週に１度運動をする

の

用法	例
主格	私のいる町
連体修飾格（所有）	これは私の本です ※体言にくっつく
体言の代用	この本は私のです ※「の」を「のもの」に置き換えられる
並列	行くのか行かないのか決断する

から

用法	例
起点	今日から始める
根拠	状況から考える
材料	牛乳から作られる

助動詞

れる、られる		そうだ	
用法	例	用法	例
自発	過去のことが思い出される	様態（性質）	彼は眠そうだ
可能	あなたは信じられる	様態（状況）	雪が降りそうだ
受身	親に叱られる	伝聞	雪が降るそうだ
尊敬	お客様が来られる		

基本問題1

下線部の語が最も近い意味で使われているものを選びなさい。

① 事故で渋滞している
1. 筆で署名をする
2. 半日で完成させる
3. 熱で１日寝込む
4. 学校で試験を受ける
5. 彼自身で乗り越える

② 先ほど、彼女の財布を拾った
1. 彼の無くした本が見つかった
2. 彼女の本は交番に届けられている
3. 友人は肉料理にするのか魚料理にするのか悩んでいる
4. そのグローブは父のです
5. 父の作った料理を食べる

③ 写真におさめる
1. フランス語をおさめる
2. 薬で頭痛をおさめる
3. 洋服をタンスにおさめる
4. 税金をおさめる
5. 年内の仕事をおさめる

④　母は法律に明るい
1. 彼女の将来は明るい
2. 彼の明るい笑顔は人をひきつける
3. 明るい時間に洗濯物を干す
4. 運転手をしている父はこの辺りの道に明るい
5. 戦争が終わり、この国の明日も明るい

⑤　問題の解決をはかる
1. 彼は次の試合で再起をはかる
2. 50m走のタイムをはかる
3. 彼女の気持ちをおしはかる
4. 祖父の血圧をはかる
5. 敵からの逃走をはかる

①

事故が原因で渋滞しているとなり、原因を表す用法となっています。

1：筆を使って署名をするとなり、道具を表す用法となっています。

2：半日という時間に「で」がかかっており、時間を表す用法となっています。

4：学校という場所に「で」がかかっており、場所を表す用法となっています。

5：彼自身「が」乗り越えると言い換えることが可能であり、主語になりえるので、主体を表す用法となっています。

答え：3

②

彼女「の」財布というように後半に体言がつき、所有を表す用法となっています。

1. 彼「が」無くした本と言い換えることが可能であるので、主格を表す用法となっています。
3. ○○のか、□□のかと同様の内容が続いており、並列を表す用法となっています。
4. 父「のもの」ですと言い換えることが可能であるので、体言の代用を表す用法となっています。
5. 父「が」作った料理と言い換えることが可能であるので、主格を表す用法となっています。

答え：2

③

写真の中に何かを入れるという意味であり、漢字は「収める」が使われます。

1. 学問などを自分のものにする意味であり、漢字は「修める」が使われます。
2. 乱れた状態を安定させるという意味であり、漢字は「治める」が使われます。
3. 物をある物の中に入れるという意味であり、漢字は「収める」が使われます。
4. 何かを支払うや差し出すという意味であり、漢字は「納める」が使われます。
5. 物事を終わらせるという意味であり、漢字は「納める」が使われます。

答え：3

④

法律に「明るい」は、細かい事情に精通しているという意味になります。

1. ここでは「明るい」は希望が持てるという意味になります。
2. ここでは「明るい」は朗らかなという意味になります。
3. ここでは「明るい」は光が十分にある状態を表す意味になります。
4. ここでは「明るい」は細かい事情に精通しているという意味になります。
5. ここでは「明るい」は希望が持てるという意味になります。

答え：4

⑤

物事を企てるという意味になり、漢字は「図る」となります。

1. 物事を企てるときに使い、漢字は「図る」となります。
2. 数や時間を調べるときに使い、漢字は「計る」となります。
3. 気持ちを類推するときに使い、漢字は「量る」となります。
4. 長短・遠近・高低などを調べるときに使い、漢字は「測る」となります。
5. 悪事をはたらくときやだますときに使い、漢字は「謀る」となります。

答え：1

05 四字熟語・ことわざ・慣用句・故事成語

［頻出度］
SPI ○
SCOA ○
light ○
社会人基礎 ○

これで解ける！

これらの単元は、語彙力が最重要になってきます。
例題で出題の仕方を把握した上で、アプリで数多くの問題に触れて、言葉の数を増やしてください。

下記の四字熟語の中で、漢字が間違って記載されているものを選びなさい。

ア：奇奇怪怪
イ：旧態以前
ウ：勇猛果敢
エ：厚顔無恥
オ：我田引水

解説

四字熟語の問題です。
旧態以前→旧態依然となります。

答え：イ

下記のことわざと似た意味をもつことわざを選びなさい。

雨垂れ石を穿つ
ア：ローマは一日にして成らず
イ：後足で砂をかける
ウ：一寸の光陰軽んずべからず
エ：前門の虎　後門の狼
オ：馬の耳に念仏

解説

ことわざの問題です。
イ：恩義のある人に対して、損害を与えたり裏切ることです。
ウ：わずかな時間でも無駄にはしてはならないという戒めです。
エ：災難が次から次へと襲ってくることです。
オ：人の意見に耳を傾けず効果がないことです。

答え：ア

下記の慣用句の意味を選びなさい。

足を引っぱる
ア：用意していたより多くのお金を使ってしまうこと
イ：残してきたものが気がかりで先に進むことができないこと
ウ：自分の能力を発揮したくてじっとしていられないこと
エ：相手に降参すること
オ：人の成功や前進を妨げること

慣用句の問題です。

ア：「足が出る」という意味です。

イ：「後髪を引かれる」の意味です。

ウ：「腕が鳴る」の意味です。

エ：「手を上げる」の意味です。

答え：オ

下記の故事成語の意味を選びなさい。

呉越同舟

ア：敵同士が同じ場所に居合わせたり、協力すること

イ：第三者が利益を横取りすること

ウ：周りを敵に囲まれて、孤立すること

エ：危険を冒さなければ大きな利益を得られない

オ：つじつまが合わないこと

故事成語の問題です。

イ：「漁夫の利」という意味です。

ウ：「四面楚歌」の意味です。

エ：「虎穴に入らずんば虎子を得ず」の意味です。

オ：「矛盾」の意味です。

答え：ア

基本問題1

① 下記の四字熟語の中で、漢字が間違って記載されているものを選びなさい。

ア　危機一発
イ　傍若無人
ウ　温故知新
エ　朝三暮四
オ　天真爛漫

② 下記の四字熟語の中で、漢字が間違って記載されているものを選びなさい。

ア　千載一遇
イ　画竜点睛
ウ　品行方正
エ　五里夢中
オ　自画自賛

③ 下記のことわざと似た意味をもつことわざを選びなさい。

嘘から出た実（まこと）
ア　犬も歩けば棒に当たる
イ　一事が万事
ウ　虻蜂取らず
エ　瓢箪から駒が出る
オ　一寸の光陰軽んずべからず

④　下記の慣用句の意味を選びなさい

一線を画す
ア　はっきりと区別すること
イ　少しもこたえないこと
ウ　とやかく言うまでもないこと
エ　うまくだますこと
オ　大変苦労が多いこと

⑤　次の故事成語と意味の合わないものを選びなさい

ア　覆水盆に返らず：一度してしまったことは取返しがつかないこと
イ　塞翁が馬：いくら意見しても全く効き目がないこと
ウ　断腸の思い：はらわたが千切れるほどの大変つらい思い
エ　間髪を入れず：事態がさしせまっていて、時間にゆとりがないこと
オ　白眉：同類の中でとりわけ優れた人やもののこと

①

危機一髪が正しい漢字となり、髪の毛一本ほどのわずかな違いで危機に陥るかの瀬戸際という意味の四字熟語になります。

答え：ア

②

五里霧中が正しい漢字となり、霧の中にいるように物事の様子がわからず迷うことという意味の四字熟語になります。

答え：エ

③

嘘で言ったことが図らずとも現実になってしまうという意味です。

ア：何かをしようとすると災難にあってしまうという意味のことわざです。

イ：一つのことですべてがわかるという意味のことわざです。

ウ：同時にいくつのものを手に入れようとすると、1つも手に入れることができないという意味のことわざです。

オ：わずかな時間でも無駄にしてはいけないという意味のことわざです。

答え：エ

④

イ：痛くもかゆくもないという慣用句の意味になります。

ウ：一も二もなくという慣用句の意味になります。

エ：一杯食わすという慣用句の意味になります。

オ：いばらの道という慣用句の意味になります。

答え：ア

⑤

塞翁が馬は、幸福・不幸は予想できずわからないという意味の故事成語になります。

答え：イ

Webアプリのアクセスキー

x8UsZ

著者

たくまる先生：三木拓也（みきたくや）

公務員試験オンライン予備校「公務員のライト」共同代表。明治大学法学部卒業後、駒澤大学法科大学院修了、法務博士。公務員試験を受験し、国家総合職（法律区分）に席次60番で最終合格。その後、公務員予備校の教職員として勤務。国家総合職対策をはじめ、中央大学学内講座では、数的処理科目・法律系科目・経済系科目を担当。明星大学では、キャリアスキル講義を担当。「本番で通用する力をつける」をモットーに、多くの受講生を第一志望合格へ導いてきた。

よこみぞ先生：横溝涼（よこみぞりょう）

法政大学経済学部卒業後、大学院にて主に教育学を学び、中学・高校の教職員を歴任。その後、大手公務員専門学校の教職員として勤務。大学の学内講座講師として指導も行い、現在は社会人の公務員受験において、受験生のキャリアを活かした個別のパーソナルサポートも行っている。

執筆協力：横堀直人

公務員のライト

公務員試験専門のオンライン予備校。講師陣は元大手予備校カリスマ講師や大手公務員専門学校の教職員。「最短最速で合格を勝ち取るための講座」を展開し、国家公務員、地方公務員、警察官、消防官、社会人経験者採用など多くの公務員試験に合格者を輩出している。開講1年で受講者数1000人を突破。YouTube「公務員のライト」では、チャンネル登録者3万人を突破し公務員受験カテゴリートップレベル。InstagramやTwitterでも情報を発信中。

HP：https://senseikoumuin.com/

YouTube: https://www.youtube.com/channel/UCTRP62cnObKfyj4_nBnIxug

Instagram：https://www.instagram.com/koumuin.right/?igshid=oygmr83lq6x6

Twitter：https://twitter.com/koumuinright7

その他リンク集：https://linktr.ee/koumuin.right7

装丁・本文デザイン	三森健太（JUNGLE）
DTP	株式会社 明昌堂
カバー・本文イラスト	アボット奥谷

公務員教科書 1か月完成 動画とアプリで学ぶ

市役所新方式試験
SPI・SCOA・Light・社会人基礎

2023年　5月26日　初版　第1刷発行

著　　者　三木 拓也、横溝 涼
発 行 人　佐々木 幹夫
発 行 所　株式会社 翔泳社（https://www.shoeisha.co.jp）
印　　刷　昭和情報プロセス株式会社
製　　本　株式会社国宝社

本書へのお問い合わせについては、IIページに記載の内容をお読みください。

造本には細心の注意を払っておりますが、万一、乱丁（ページの順序違い）や落丁（ページの抜け）がございましたら、お取り替えします。03-5362-3705までご連絡ください。

ISBN978-4-7981-7715-1　　Printed in Japan